KB058958

책읽기가 필요하지 않은
인생은 없다

삶의 무기가 되는 책읽기의 쓸모

책읽기가 필요하지 않은 인생은 없다

김애리 지음

비즈니스북스

책읽기가 필요하지 않은 인생은 없다

1판 1쇄 발행 2021년 3월 2일
1판 3쇄 발행 2023년 12월 12일

지은이 | 김애리
발행인 | 홍영태
편집인 | 김미란
발행처 | (주)비즈니스북스
등 록 | 제2000−000225호(2000년 2월 28일)
주 소 | 03991 서울시 마포구 월드컵북로6길 3 이노베이스빌딩 7층
전 화 | (02)338−9449
팩 스 | (02)338−6543
대표메일 | bb@businessbooks.co.kr
홈페이지 | http://www.businessbooks.co.kr
블로그 | http://blog.naver.com/biz_books
페이스북 | thebizbooks
ISBN 979−11−6254−200−2   03190

비즈니스북스는 독자 여러분의 소중한 아이디어와 원고 투고를 기다리고 있습니다.
원고가 있으신 분은 ms1@businessbooks.co.kr로 간단한 개요와 취지, 연락처 등을 보내 주세요.

코로나 시대,
책읽기가 중요한 이유

어느 날 '코로나19'COVID-19라는 정지선 앞에 멈췄다. 불혹을 앞두고 이제는 삶의 예측불허함에 어느 정도 익숙해졌다 생각했는데 이 녀석은 독특한 이름만큼이나 생경하고 막강했다. 정지선 앞에서 어찌할 바를 모르고 우왕좌왕하는 것은 나뿐만 아니었다. 코로나19는 우리의 삶을 송두리째 바꾸어놓았다.

일곱 살 딸과 함께 거의 집에만 머무는 날이 석 달이 넘어갈 즈음, 문득 이런 생각이 들었다. 코로나19는 과학의 급진적인 발전에 따른 인구 급증, 생명 연장, 자원 고갈과 환경 파괴에 대한 자연의 경고일지도 모른다고. '이봐, 인간들. 뭘 그리 숨 가쁘게 앞만 보고 달리나? 잠시 쉬어가게'라며 우리를 멈춰 세우는 자연의 목소리 말이다. 그간 우리는 여러 차례 그 목소리를 무시했다. 알면서도 못들은 척, 들었지만 귀를 막아버린 적도 많았다. 결국 우리는 이렇게 멈춰 섰다.

코로나19 덕을(?) 본 부분도 있다. 나는 대부분의 시간을 집에 머물며 책을 읽고 글을 쓰는 데 할애했다. 나중에는 함께 읽고 쓰는 모임도 만들었다. 주로 비대면으로 소통하면서 적응하기가 쉽지 않았지만 나중에는 모두 '이렇게도 삶이 굴러가더라, 어찌해도 살아지더라' 하며 이야기를 주고받는 여유도 생겼다.

집에 머무는 시간이 길어지자 사춘기 이후 처음으로 내 삶과 자신을 온전히 되돌아볼 수 있었다. 나는 어떤 마음으로 살아왔나? 앞으로 어떻게 살아가야 할까? 마치 수험생처럼 치열하게 읽고 쓰며 내 안에서 답을 찾아 헤맸다.

국내외 수많은 전문가들은 다시는 코로나19가 발생하기 전의 일상으로 돌아갈 수 없다고 말한다. 홍역과 마찬가지로 인류의 60%가 면역력이 생겨야 종식이 가능하다는 보고도 있다. 이것은 나만의 문제도 아니고 우리나라만의 상황도 아니다. 전 인류의 삶을 관통하는 새로운 변화에 적응해야만 하는 문제다. 교육, 금융, 일자리, 부동산부터 개인적인 인간관계와 자기계발에 이르기까지. 맞다, 다시는 이전으로 돌아갈 수 없을 것이다.

그렇다면 이제 어떻게 살아야 할까? 나는 미래학자도 경제전문가도 아니지만 온라인과 오프라인, 즉 디지털과 아날로그적인 삶의 균형을 적절히 유지하며 살아야 하지 않을까? 온종일 모니터를 사이에 두고 이야기를 주고받으면서도 영혼을 움직이는 책을 손에 쥐고 앞날을 계획해야만 하는 것이다. 이럴 때일수록 마음과 감정을 자세히 관찰해야 한다. 어쩌면 전보다 더 열심히, 세심하게 들여다봐야 한다. 어떤 상황에서도 삶은 계속되어야 하니까.

예측 불가능한 시대, 낙관보다는 비관이 좀 더 어울리는 시대일지도 모른다. '그럼에도 불구하고' 아이들은 자라고 청춘들은 사랑에 빠질 것이다. 직장인들은 재테크와 자기계발에 관심을 기울이고 노인들은 삶을 돌아보며 자신만의 철학과 성찰을 마무리할 것이다. 그래서 코로나 시대의 책읽기는 더욱 중요하다. 삼삼오오 모여 서로의 지혜와 노하우를 나눌 수 없다면 책을 통해서라도 이어가야 하니까. 새로운 세상에 적응하고 살아남기 위해 준비해야 할 것들은 무엇인지 배우고, 읽고, 쓰기를 멈추어서는 안 된다.

지금 우리에게 필요한 것들

"이렇게 치열하게 읽고 쓴 적이 있었나 싶어요."

독서모임에 참석한 누군가 말했다. 이전의 독서가 단순한 취미였다면 코로나19가 확산된 이후 독서는 갑갑증과 우울증을 이기는 처방약이라는 생각이 든다고 했다.

"저는 낯선 사람을 관찰하듯 나를 살피고 이해하는 시간을 가졌어요."

도망칠 곳은 아무 데도 없고 마주할 사람도 '나'뿐인 고요한 집에서 처음으로 진지하게 자신과 독대해봤다는 사람도 있었다.

"가장 고민되는 부분은 아이 교육과 미래예요."

온라인 교육이라는 낯선 환경에 우왕좌왕했고 그럴수록 아이와 함께 좋은 책을 읽었다는 고백도 있었다.

이 모든 순간에도 책은 우리를 지탱하고 들여다보는 거울이 되었다. 그리고 우리 모두의 삶을 단단히 지킬 방법도 책에서 찾을 수 있을 것이다. 5년 후 미래를 위해 무엇을 준비해야 할지, 비대면 시대에도 자유롭고 행복한 삶은 가능할지, 불안과 혼란을 넘어설 수 있도록 내면의 힘을 어떻게 기를 것인지, 혼자서도 자존감을 지키며 꿈과 열정을 유지하는 방법은 무엇인지를 '읽고 쓰며' 고민해야 한다. 무엇보다 코로나 시대에는 스스로 묻고 답을 찾는 성장법이 더욱 중요해지고 어쩌면 유일할지도 모르겠다. 사실 '자문자답'의 길을 안내하는 길잡이로 책만 한 것이 없다.

혼자서 답을 찾는 데 익숙한 사람들, 유연하게 위기를 극복하고 변화의 물살에 올라타는 이들, 온라인상에서 일찍이 자신만의 세계를 구축해온 사람들이 점점 더 힘을 갖는 세상이 올 것이다. 우리는 지금부터라도 독서를 통해 힘을 길러야 한다. 학교가 교육을 책임질 수 없다면, 직장이 미래를 보장해주지 않는다면 모든 정체성을 내려놓고 다시 나 자신, 그냥 나 자신으로부터 출발해야 한다. 어떻게? 뜨겁고 단단한 독서와 함께. 이미 시작된 변화에 적응하며 '나다운 더 좋은 삶'을 잘 기획하기 위해서라도 책은 절대 놓지 말아야 한다.

이제는 진짜 잠에서 깨어날 시간이다. 껍질은 내던지고 본질에 집중해야 한다. 이 책이 새로운 시대에 새롭게 독서인생을 시작하는 이들에게 도움이 되기를 바란다.

김애리

차례

PART 2

읽어도 그때뿐이라면
독서법을 바꿔라

PART 3

책읽기가 습관이 되려면
어떻게 해야 할까?

PART 4

하루 15분, 가장 확실한
기적을 만드는 책읽기

PART 1

정말
책 읽는다고
인생이
달라져요?

책이 나를
살렸다

인생을 바꾸겠다 결심하면서 왜 하필 책을 읽었냐고 묻는다면 이보다 더 적합한 대답은 없을 것 같다.

책이야말로 가장 흔하고 사소하게 삶에 마법을 걸 수 있는 도구이기 때문이다. 아무리 밑바닥 인생이어도 단돈 1~2만 원으로, 단 몇 시간의 투자로 심장이 요동치는 경험을 할 수 있는 건 오직 책뿐이다. 다른 방식의 삶과 그 길로 가기 위한 다른 생각과 행동을 알려주는 데 책만큼 적극적인 스승은 없다. 그래서 나는 책을 들었다.

지금까지와는 다르게 살고 싶다면 '다르게 살고 싶다' 다짐만 해서는 아무것도 변하지 않는다. 매년 해가 바뀔 때마다 대부분의 사람들은 작년과는 다르게 살겠다고 다짐한다. 하지만 변화를 이루어내는 사람은 손에 꼽을 정도다. 이유는 극명하다. 다르게 사는 법을 모르기 때문이다.

다르게 살기 위해서는 일단 다른 생각을 품어야 한다. 다른 언어를 쓰고 다른 패턴으로 행동해야 한다. 하지만 어떻게? 거기서 벽에 부딪히자 나는 책을 들었다. 인생을 전환할 아주 구체적인 방법을 배우고 싶었다.

변화가 간절한 순간 책에서 답을 구한 나의 이야기를 풀어내려면 중학생 시절로 거슬러 올라가야 한다. 나는 '경제적 흙수저'로 태어났다. 넉넉한 삶은 아니었지만 긍정적인 부모님과 네 명의 형제자매와 함께 따뜻하고 행복한 유년 시절을 보냈다. 하지만 IMF 사태가 터지자 우리 집은 감당할 수 없는 빚더미에 올라앉았다. 하루아침에 비가 새고 쥐가 돌아다니는 옥탑방으로 쫓겨났고 나중엔 한국을 떠나야 할 지경에 이르렀다. 나는 내 의지와 전혀 상관없이 중국이라는 낯선 나라에서 이방인이 되었다. 그때 내 나이는 겨우 열일곱 살이었다. 게다가 상처받고 세상과 등 돌린 부모님 밑에서 건강한 정신으로 살아가기란 쉽지 않았다.

우리 가족이 중국 땅을 밟았을 때는 한국과 중국이 정식 수교를 맺은 지 고작 5년이 지났을 무렵이다. 당연히 한국 사람도 드물었고 중국은 대도시조차 모든 것이 낙후되어 있었다. 예민할 나이에

급격한 환경 변화를 겪으며 많이 방황했다. 세상에 발을 딛기도 전에 산다는 건 무서운 일이라는 등식이 생겨버렸다. 나는 깊은 우울증과 낮은 자존감을 가진 어른으로 성장했다. 나라는 사람은 무가치하다고 낙인찍고 아주 작은 꿈이라도 생길라치면 '너 같은 게 무슨'이라며 스스로 모든 가능성의 문을 닫았다.

다시 인생의 주인공을 꿈꾸며

당시 나는 무기력함에 찌들어 "살아서 뭐해."란 말을 자주 내뱉었다. 그렇게 우울함과 두려움이 극에 달한 어느 날, 아직 피어보지도 못한 내가 아주 구체적으로 죽음을 그리고 있었다. 이전처럼 단순히 생각만 하는 것이 아니었다. 몇 시에 어디에서 어떤 방식으로 죽을지 계획을 짜고 있었다. 그런 나를 깨닫자 갑자기 모든 게 멈췄다. 마치 SF영화 속 한 장면처럼 모든 생각과 행동이 정지했다. 문득 이런 생각이 들었다.

'어쩌면 나는 이미 죽어있는 게 아닐까? 사실은 한 번도 제대로 살아보지 못한 게 아닐까?'

의학적으로는 호흡과 심장, 뇌가 멈추면 사망선고를 한다. 하지만 어느 철학자의 말처럼 이 세상에는 '살아있는 시체들'이 득실댄다. 희망과 열정, 기대가 없는 삶. 그건 임상적 죽음만큼이나 끔찍

하다. 나는 억울하고 분통했다. 하지만 이내 지금의 나를 만든 것은 다름 아닌 나 자신이라는 사실을 깨달았다. 집이 망했다고 가족이 희망을 잃었다고 모든 아이들이 나처럼 스스로를 불행으로 내몰며 살지는 않을 것이다. 나에게는 변화가 절실했다.

'이대로는 안돼. 처음부터 다시 사는 법을 배워야 해!'

그때까지 나는 내 인생임에도 멀찌감치 서서 구경만 했다. 그런데 처음으로 주인공이 되고 싶었다.

'어디서부터 어떻게 시작해야 할까?'

나는 며칠 동안 아주 진지하게 고민했다. 집안이 무너진 후 처음으로 작은 목표를 세웠다. 일단 집에 있는 책을 몽땅 다 읽어보기로 결심했다. 그게 시작이었다. 어쩌면 모든 것의 시작. 인생의 의미를 새롭게 찾고 스스로 기쁨과 행복을 발견하는 방법을 익히고 다양한 도전 목록을 만들어 하나둘 완성해나가는, 생생히 살아 숨쉬는 진짜 인생을 살기 시작했다. 그렇게 책이 나를 살렸다.

10년간 1,000권의 책을 읽다

'양질 전환의 법칙'이란 말이 있다. 질적 변화를 위해서는 먼저 양을 채워야 한다는 말이다. 모든 일이 그렇다. 영어나 중국어 등 외국어 공부도, 요가나 달리기 같은 신체 트레이닝도, 독서도 마찬가지다. 양이 어느 임계점을 넘어서야 그때부터 질적 변화가 일어난다.

달라지기로 결심하고 책을 읽기 시작할 무렵 흥미로운 신문 사설을 하나 읽었다. 서울대 교수가 신입생에게 들려주는 이야기였는데 글의 요지는 이랬다.

'대학 시절 학점도 중요하고 자격증을 따는 것도 필요하지만 무엇보다 20대에 책을 1,000권만 읽어봐라. 인생을 보는 눈이 달라진다.'

눈이 번쩍 뜨였다. 처음으로 '바로 이거다!' 하는 명확한 목표가 생겼다. 심장이 마구 뛰었고 기분 좋은 울렁거림을 느꼈다. 이미 발전하고 변화된 내 모습이 눈앞에 어른거리는 것 같았다. 어려서부터 책을 가까이했던 터라 독서습관이 없었던 것은 아니지만 정확한 수치를 목표화하여 실천하기로 마음먹은 건 그때가 처음이었다.

그렇게 열여덟 무렵부터 '1,000권 읽기'를 목표로 열심히 독서에 매진했다. 구체적인 목표가 생기자 '그냥' 읽던 때와는 모든 것이 달랐다. 일단 엄청난 동기부여가 됐다. 매일 늦잠을 자던 내가 책이 읽고 싶어 아침 일찍 눈을 뜰 정도였다. 다른 건 몰라도 이 목표 하나는 20대에 반드시 이루겠다는 다짐을 하루에도 열두 번씩 했다. 20대를 독서로(흔한 문구로 영혼을 살찌우며) 보낸다면 다른 무엇을 이루지 못한다 해도 헛된 시간이라 여기지 않을 것 같았다. 눈에 보이는 성과보다 눈에 보이지 않는 자산을 일구는 것이 중요하다는 생각이 들었다.

매일 잠들기 직전 일기장 구석에 그날 읽은 책 제목과 몇 번째 책인지 숫자를 적었다. 처음 몇 년은 수첩이나 일기장 한쪽에 어떤 책을 읽었는지 단순하게 기록했고 나중에는 독서기록장을 따로 만들었다. 책을 읽다보면 간혹 모든 것이 멈추는 듯 전율이 이는 문장을 만나기도 하는데, 그런 문장들을 따로 필사할 공간이 필요했다. 무엇보다도 읽은 책이 백 권이 넘어가니 책과 관련해 하고 싶은 말이 많아졌다. 저자의 어떤 점을 닮고 싶은지, 남들은 다 좋다고 칭찬한 베스트셀러가 왜 내게는 지루하고 반감이 드는지, 어떻게 하면 소설 속 주인공처럼 낯선 모험에 빠져드는 삶을 살 수 있을지 등. 사실 '그냥' 읽은 책은 거의 없었다. 아무리 재미없는 책이라도 '도저히 끝까지 읽을 수 없을 정도'라는 나름의 한 줄 평이 뒤따랐다. 그렇게 서서히 책을 보는 눈을 길렀다.

그리고 스물일곱 살이 되던 해, 나는 목표했던 1,000권을 다 채웠다. 이후 우연히 한 출판사 대표와 식사를 했는데 그분이 이렇게 물었다.

"지금까지 책을 몇 권이나 읽었어요?"

"어림잡아 1,000권은 넘죠. 1,200권 넘게 헤아렸다가 그 이후로는 안 세어봤어요."

그 대표는 깜짝 놀라며 출판사를 10년 넘게 운영하면서 20대에 책을 1,000권 이상 읽은 사람을 처음 만났다고 했다. 자연스럽게 어떤 책에서 영향을 받았는지, 최근에 좋았던 책은 무엇인지 등 책과 관련된 이야기가 오고 갔다. 그리고 그날의 대화를 바탕으로 한 권의 책이 세상에 나왔다.

바로 《책에 미친 청춘》이라는 책이다. 이 책은 많은 독자들에게 사랑을 받았다. '천 권의 책에 인생을 묻다'라는 노골적인 숫자가 들어간 책의 부제 때문일까? 10년이 지난 현재까지도 많은 사람들이 비슷한 질문을 한다.

"정말 책을 1,000권 읽으면 인생이 달라져요?"

책읽기가 좋다는 건 모두가 잘 알지만 많은 사람들이 독서의 임계점으로 삼는 숫자 1,000을 뛰어넘으면 그때부터는 어떤 변화가 생기느냐는 질문이다. 아니, 정말 '어떤' 변화가 생기기는 하느냐는 확인이다.

책을 1,000권 읽으면 뭐가 달라질까? 물론 '1,000'이라는 숫자를 넘기자마자 어떤 극적인 변화가 크리스마스 전구에 불이 켜지듯 내 삶을 밝히는 건 아니다. 하지만 점진적이지만 나조차 놀랄 정도의 변화가 아주 서서히 일어난다. 사람마다 이 경험을 하는 시기도 다 다르다. 어떤 사람은 100권 읽기를 끝내자 독서습관이 확실히 붙고 인생의 큰 전환점을 맞이할 수도 있고, 어떤 사람은 1,000권을 넘게 읽어도 아무 변화도 일어나지 않을 수도 있다. 나는 읽은 책이 200권이 넘어가면서 내 안의 뭔가가 꿈틀거렸던 것 같다. 마음이 단단해지고 다양한 꿈이 생겼다. 500권 이상이 되자 '나'라는 사람을 다시 보기 시작했다. '어라? 나 같은 사람도 하니까 정말 되네. 벌써 500권이나 읽었단 말이지?'라는 마음이었다.

독서 임계점(1,000권)을 넘으면 생기는 변화들

1. 나에게 맞는 책을 고르는 눈이 생긴다

이건 아주 아주 중요한 얘기다. 나도 그전까지는 '남'이 골라준 책만 읽었다. 어떤 대학이나 기관에서 추천하는 책, 그해 가장 많은 사람들이 읽었다는 책, 친구나 가족이 권하는 책. 책을 고를 때 나만의 기준이 없었다. 간혹 '얻어걸려서' 인생 책이라 할 만한 것들이 생기기도 했지만 그런 경우는 흔치 않았다. 하지만 독서량이 늘어나자 내가 좋아하는 분야, 작가, 문체, 감성이 보였다. 나중에는 책 표지와 목차만 봐도 나를 흔들 책인지 아닌지 대략 감이 왔다. 이건 다른 말로 나에 대해 좀 더 잘 알게 되었다는 의미다. 내 취향, 성향, 비전, 심지어 무의식까지 말이다. 나는 꼰대처럼 훈계하고 조언하는 책이 싫었고 눈물 질질 짜게 만드는 신파 에세이는 돈을 줘도 못 읽을 정도였다. 그러면서 내 무의식이 어떤 주제에 반감이 생기는지, 신기하게도 자주 불편함을 느끼고 부딪치던 부류의 사람들마저 이해가 됐다.

2. 깊게 듣는 법을 터득한다

읽기는 다른 방식의 '경청'이라 할 수 있다. 누군가와 면대면으로 만나 귀를 여는 것도 '듣기'지만 눈으로 타인의 의견과 인생 이야기를 읽는 것도 '깊게' 듣는 방법 중 하나다. 나는 시대와 국경을 초월한 이들의 목소리를 가슴으로 들으며 수용하고 집중하는 법을 배웠다. 스스로는 침묵하면서 온 마음을 열어 귀를 기울이는 행위, 독서란 그런 것이다. 독서를 통해 이 과정을 반복하고 익히면서 나에게 맞는 선택을 해야 하는 수많은 갈림길에서 도움을 받았고 다른 사람들의 말을 제대로 듣는 법도 배웠다.

3. 빠르고 정확한 의미 파악이 가능하다

같은 일을 반복하면 뇌에서는 그 일에 대한 새로운 회로가 생긴다고 한다. 그 일을 반복하고 또 반복하면? 새로운 신경회로를 고착화시킬 수 있고 이로써 완전히 다른 사고나 행동이 가능해진다. 나 역시 처음에는 책 한 권을 읽는 데 3일 이상 걸렸다. 읽는 속도가 아니라 이해하는 속도가 더뎠기 때문이다. 단순한 문장도 의미 파악이 안 되어 읽고 또 읽다보면 어떤 날은 한 페이지를 붙들고 하루가 다 지났다는 생각에 한숨이 절로 나왔다. 이제는 300페이지 안팎의 책은 두세 시간이면 다 읽는다. 전문 배경 지식이 필요한 과학서나 경제서 등을 제외하면 대부분의 책들이 직독직해, 읽는 즉시 이해가 된다.

4. 나만의 인생방정식을 완성할 수 있다

어떤 문제도 하나의 답만 존재하지 않는다는 걸 책을 통해 깨달았다. 문제를 해결하는 절대적인 법칙이나 유일무이한 길은 없다. 어떤 사람에게 유레카를 외치게 한 해답이 다른 사람에게는 아무 짝에도 쓸모없는 것일 수 있다. 누군가에게는 영감의 바탕이 된 소설《달과 6펜스》를 누군가는 고구마를 연거푸 열 개나 먹은 듯 답답하고 짜증 나는 소설로 기억할 수도 있는 것처럼 말이다.

인생을 살아가며 접하는 여러 문제들에 대해 철학자, 심리학자, 소설가, 기업가마다 다른 답을 내놓는다는 놀라운 사실을 발견한 것도 다독이 준 선물이다. 자신이 처한 환경이나 직업, 살아온 배경에 따라 전혀 다른 답을 들려주는 것이다. 당연한 이야기지만 처음엔 조금 혼란스러웠다. 예를 들어 '하고 싶은 일을 하며 살아야 하나, 잘하는 일을 해야 하나?'와 같은 문제에 어떤 책에서는 '하고 싶지 않은 일로 성공한 사람은 세상에 한 명도 없다'고 말하고, 다른 책에서는 '잘하는 일을 직업으로 삼고 돈을 많이 번 뒤에 하고 싶은 일로 나머지 생을 꽉 채우라'고 말한다.

하지만 이제는 안다. 성공한 그들의 인생방정식이 중요한 게 아니라 그것들을 교훈 삼아 나만의 공식을 새롭게 쓰는 게 가장 중요하다는 것을. 중요한 것은 다른 사람들의 이야기를 통해 나답게 사는 길을 고민하고 경험하는 것이다.

시간이 없는 게 아니라
딴짓하는 시간이 많은 것이다

나는 해마다 책을 100권 이상 읽는다. 어떤 해는 150권 남짓 읽기도 하고, 어떤 해는 100권을 못 채우기도 한다. 하지만 아무리 못 읽어도 매년 50권 정도는 읽는다. 아이를 키우고 살림을 하면서. 심지어 매년 책을 쓰고 개인 사업을 하고 독서모임을 운영하고 외부 강연까지 진행하면서 말이다.

평소 책을 얼마나 읽느냐는 질문을 자주 받는데 "1년에 100권 정도요." 하고 대답하면 대부분의 사람들은 깜짝 놀란다. 사실 과학적으로(?) 계산해봐도 1년에 100권은 그리 엄청난 숫자가 아니다. 목표로 삼으면 누구나 해낼 수 있다.

평균적인 사람들의 읽기 속도로 하루 25분 정도 독서를 하면 읽을 수 있는 페이지는 40여 페이지 남짓이다. 그게 1년이면 무려 14,600페이지다. 이를 다시 300페이지 책으로 계산하면 약 48권이 된다. 단순하게 생각해도 아침에 눈 떠서 15분, 저녁에 잠들기 전에 10분 정도 책을 읽으면 1년에 48권 정도를 읽는다는 계산이다.

그렇다면 여기에 1.5배인 60페이지를 매일 읽으면 어떤 일이 벌어질까? 읽는 속도가 조금 빠른 사람은 30분에 50~60페이지도 충분히 읽을 수 있다. 그러면 1년에 총 21,900페이지를 읽는 것이고 책으로 치면 73권 분량이다. 이쯤 되면 내가 왜 100권 읽기는 마음만 먹으면 누구나 할 수 있다고 했는지 이해할 것이다.

소소한 시간의 힘을 모아 1년에 100권

하루 20~30분 독서는 크게 애쓰거나 고통스럽게 노력해야만 하는 시간이 아니다. 그런데 이런 하루 30분의 독서가 1년이면 70권 이상이 되는 것이다. 만약 '하루 30분 독서' 습관을 10년간 유지한다면 어떨까? 내 삶이, 내 세계가 달라질 것이다. 매일 30분 독서는 힘이 약하지만 이를 10년간 이어간다면 세상을 살아가는 가장 강력한 무기를 가진 셈이다. 무려 730권의 책을 읽게 되기 때문이다.

30분씩 책을 읽는 게 너무 길게 느껴진다면 과감하게 절반을 뚝

잘라 15분씩 독서를 한다고 해보자. '어떤 일을 하루 15분간 한다'는 건 하찮고 우스운 일처럼 여겨질 수도 있다. 하지만 하루 15분이 10년 쌓이면 912시간, 무려 912시간이 된다. 매일 점심 먹고 15분간 책을 읽는다면 그 아무것도 아닌 일이 10년이면 912시간의 공을 쏟은 '엄청난' 일이 되는 셈이다.

마지막으로(더는 양보 못 함) 아이가 너무 어려서 회사에 막 입사해서 시간이 진짜로 없다, 하는 사람이 있다고 가정해보자. 하루 15분의 여유도 도저히 낼 수 없다면 일주일에 딱 한 번만 '어떤 일'을 해보는 거다. 일주일에 한 번이 10년간 쌓이면 또 어떻게 될까? 무려 그 일을 520여 차례나 한 사람이 된다.

생각이 여기까지 미치자 독서 외에도 10년의 시간을 축적의 기회로 삼아 이어갈 수 있는 즐거운 일을 찾아보는 것도 좋겠다. 일주일에 딱 한 번만 독서를 해도 10년이면 520번이나 독서한 사람, 일주일에 딱 한 번만 미술작품 공부를 해도 10년이면 520개 작품을 이해하는 사람이 되는 거다.

그 밖에도 다양하게 적용이 가능하다.

- 일주일에 한 번 베이킹 하기
- 일주일에 한 번 뜻이 맞는 이들과 봉사하기
- 일주일에 한 번 고전 영화를 보고 감상평 기록하기

이렇게 쉬엄쉬엄해도 10년을 하면 520번이다. 알다시피 10년이란 시간은 정말 빨리 지나간다. 그 일을 해도 가고 안 해도 간다.

결론을 정리하면 나는 하루 30분에서 1시간 독서로 1년에 100권가량 책을 읽는다. 힘들고 고통스러운 의무감으로 읽는 게 아니라 쉽고 편하게, 게다가 사람들의 생각만큼 엄청난 시간을 투자하지 않고 100권씩 읽는 것이다. 물론 모두가 100권씩 읽어야 하는 건 절대 아니다. 나의 경우 직업 특성상 독서가 곧 일의 연장이기도 해서 매일 일정 시간을 독서에 할애한다.

이제 '시간이 없어서' 책을 못 읽는다는 평계를 지우고 명확한 사실을 숫자로 확인해보길 바란다. 매일 15분은 너무나 하찮지만 그렇게 투입되는 15분이 3년, 5년, 10년 동안 쌓인다면? 엄청난 격차가 생길 수밖에 없다.

내년 혹은 다음 달부터 계획할 필요도 없다. 당장 내일부터 하루 15분, 20분만 책을 읽자. 그렇게 1년이면 적어도 40권 이상의 책을 읽게 되고(15분 독서 기준) 한 분야를 1년간 집중해서 독서를 한다면 그 분야의 준전문가 수준에 도달할 수도 있다. 흔한 예로 직업이나 전공을 제외하고 주변에 심리학 혹은 글쓰기 등 한 분야의 책을 40권 이상 읽은 사람이 있는가? 그 자체로 경쟁에서 우위를 선점하는 것이다.

맹목적 독서가
필요한 순간이 있다

독서가 먹고 마시고 잠드는 것처럼 삶에 꼭 필요한 것이라 생각하느냐고? 그보다는 우리 삶에 '반드시' 책이 필요한 순간들이 있다고 생각한다. 물이나 음식처럼 생명과 직결되는 조건은 아니지만 영혼의 안녕과 행복이라는 영역에서만큼은 물이나 음식 같은 역할을 하니까.

책이 아닌 다른 무엇으로도 대체할 수 없는 순간이란 게 있다. 오로지 독서를 통해서만 다듬어지는 순간이기 때문이다. 이때의 독서는 취미 수준의 가벼운 독서가 아니다. '맹목적'이라 할 만큼 몸과 마음을 다 던지는 독서다. 읽고 읽고 또 읽으며 오로지 '읽는 행위'와 '나 자신'만 존재한다고 생각될 만큼 파고드는 독서를 말한다.

인생에 맹목적 독서가 필요한 순간들

첫째, 더 이상 이렇게 살 수 없다고 자각할 때다. 언젠가 고故 구본형 선생님이 자신에게 있어 자살이란 다른 삶을 살기 위해 기꺼이 이전 것을 죽이는 것이라고 표현한 글을 읽은 적이 있다.

낡은 삶의 자세를 죽이는 것. 그것은 '죽음'이지만 동시에 다시 태어나는 일이기도 하다. 그러니까 다시 살기 위해서 반드시 죽어야만 하는 죽음도 있는 것이다.

더 이상 이렇게 살 수 없다는 위기의식을 느꼈다면 그때야말로 맹목적 독서가 가장 필요한 순간이다. 낡은 나를 깨뜨리고 새로운 나로 태어나기 위한 태도를 갖추는 데 독서보다 탁월한 도구는 없다.

둘째, 삶의 다른 가능성을 실험하고 싶을 때다. 어른이 된다는 건 자신의 선택에 대해 100% 책임을 지는 것이지만 그 말이 곧 한 가지만 선택해 그 길만 걸어야 함을 의미하지 않는다. 더군다나 지금은 '호모헌드레드'Homo-hundred, 100세 시대를 맞이했다. 서른에 택한 직업을 50년간 이어가는 게 더 이상한 일이 되어버린 것이다. 꼭

은퇴 후가 아니더라도 누구나 '이 길'이 아닌 '다른 길'을 모색하게 될 때가 있다. 그래서 누군가 삶의 다른 가능성을 실험하고 싶다고 하면 나는 자신 있게 말해주고 싶다. 지금 가장 필요한 것은 독서라고.

책에는 수천 수만 가지 인생이 등장한다. 빈털터리지만 행복한 인생을 사는 사람도 있고 억만장자지만 지옥에서 사는 사람도 있다. 타인에게 봉사하는 것이 인생 최고의 가치인 사람도 있고, 대중적 인기를 누리는 것이 지상 최대의 과제인 사람도 있다. 다양한 인생과 가치와 신념을 들여다보며 우리는 가장 나다운 삶이란 무엇인지 고민하고 선택할 수 있다.

셋째, 나에 대한 믿음을 회복해야 할 때다. 이유 없이 자신감이 떨어지고 에너지가 탈탈 털리는 날이 있다. 그런 순간은 세계 최고 운동선수들에게도 찾아오고 억만장자 할리우드 배우에게도 예외는 아니다. 하물며 매일 엇비슷한 일상을 사는 우리들에게는 오죽할까? 살다보면 특별한 일없이 우울하고 지질하고 절망스러운 순간이 찾아온다. 그 순간 우리가 할 일은 진탕 술을 마시거나 통장을 털어 명품을 지르는 게 아니라 마음을 고요히 만들고 자신에 대한 믿음을 회복하는 일이다. 술을 마시고 주제넘는 과소비를 하는 건 일시적인 위로밖에는 안 된다. 술이 깨고 카드결제일이 다가오면 삶은 더 우울하고 지질하고 절망스럽다. 하지만 휴대전화를 잠시 꺼두고 내면을 잠잠하게 만들어줄 좋은 책을 꺼내는 순간, 잃어버린 일상에 새로운 질서가 부여되고 흔들리던 마음도 서서히 회복된다.

위에 나열한 상황에는 공통점이 있다. 모두 변화가 절실한 순간들이라는 사실이다. 힘겹고 지치는 순간, 그럼에도 불구하고 책을 손에 쥔다는 것은 내 삶이 여전히 소중하고 존중받아 마땅하다는 무언의 외침이다.

"이것을 하면 달라질 수 있다!"고 외치는 세상의 수많은 아이템 가운데 하필이면 '책'을 고른 당신! 나는 이미 절반의 성공이라고 믿는다. 이제 저자가 들려주는 지혜에 귀 기울이며 내면 깊숙한 곳에 존재하는 '또 다른 나'를 끄집어낼 차례다. 배우고 성장하며 도전과 실패를 두려워하지 않는 '진짜 나' 말이다. 인생에는 '딸깍' 하고 새로운 스위치가 켜지는 시간이 있다. 아무리 생각해도 그 시간은 맹목적 독서를 통해 멈추지 않고 자신을 들여다본 뒤에 찾아온다.

책으로 인생을 바꿨습니다,
진짜로요

삶을 바꾸는 도구는 많다. 누군가는 생각지도 못한 거액의 복권에 당첨되어, 누군가는 우연히 만난 어떤 사람과의 인연으로 인생이 바뀐다. 요즘은 유튜브로 인생 2막을 여는 사람도 많다.

내 인생을 바꾼 도구는 책이었다. 언제나 그래왔고 앞으로도 그럴 것이다. 어떤 사람은 '고작' 책이 인생을 바꿔주었다는 말에 노골적인 의심의 눈초리를 보내기도 한다. 멋있어 보이려는 인위적인 설정이라고 여기는 것이다. 하지만 맹세코 내 인생에서 책만큼 나를 뒤흔들어준 존재는 없다. 사실 나는 기쁘고 만족스러운 순간보다 이리저리 헤매고 뭔가를 갈구할 때 책을 찾았는데 그때마다 정확한 해답은 아니더라도 답을 찾을 것 같은 희망과 가능성을 발견했다. 아니, 적어도 내가 직면한 문제가 무엇인지는 명확히 알게 되었다.

또한 책은 세상의 모든 문이 내 앞에서만 닫혔다고 느꼈을 때 비슷한 상황을 겪은 사람들을 보여주며 손을 내밀었다. 그래서 어느 누구도 내게 해주지 않았던 따뜻한 이야기들을 마음에 품을 수 있었다. 말하자면 인생을 사는 만 가지 방법이 있고 당장 눈앞에 보이는 길이 전부는 아니라는 걸 책을 통해 확인한 셈이다.

삶을 바꾸는 도구

인생을 어떻게 시작하고 가꿔야 할지 까마득할 때도 책은 구원투수가 되었다. 좋은 습관을 만들고 목표를 이뤄가는 다양한 기법도 책을 통해 배웠다. 늘 부족한 시간을 어떻게 효율적으로 관리해야 하는지, 나만의 장점과 가능성은 어떻게 파악하는지 등 세상을 살아가는 데 꼭 필요하지만 어디에서도 배울 수 없었던 기술을 익혔다.

무엇보다 내 식대로 생각하고 살아가는 힘을 얻은 게 가장 큰 수확이다. 힘들게 노력해서 얻은 것은 반드시 그만한 가치가 있다. 행복한 삶을 위한 확실한 해결책이 바로 '내 식대로 생각하며 살아가는 것'이고 성공을 위한 최고 경쟁력도 그것이기 때문이다. 책을 통해 얻은 사색의 기술과 나만의 창의력과 사고력을 더하면 살아가는 데 필요한 엄청난 무기를 갖출 수 있다.

빚을 진 채 온 가족이 거리로 내몰렸을 때, 영원히 빠져나갈 수 없는 불행의 덫에 걸렸다고 느끼던 나를 다시 일으켜세워준 것은 바로 책이었다. 악착같이 아르바이트를 하고 그보다 더 악착같이 책을 읽으며 나의 존재와 가치를 스스로 인정하고 끌어올릴 수 있었다.

'돈 걱정 없이 책을 살 수 있으면 좋겠다.'
'책을 만지고 가까이하며 사는 직업을 가져야겠다.'
'내가 이루고 싶은 모든 꿈에 도전하지 못할 이유는 없지.'

책을 읽으며 막연하게 생각했던 것들을 하나씩 실현했다. 스물다섯에 첫 번째 책을 출간하며 '작가'라는 타이틀을 내 이름 석 자 앞에 추가했다. 모든 꿈에는 확장성이 있다. 한 가지를 이루면 다른 것들을 더 멀리, 더 넓게 꿈꾸게 되고 이룰 가능성도 높아진다. 왜냐하면 한 번 걸어본 길이기 때문이다.

내 책을 출간한 것만으로도 감사한 일인데 책을 냈다고 여기저기서 강연 요청이 들어왔다. 독서 에세이를 낸 후에는 기업 사보나

월간지 등에 칼럼을 연재할 기회도 얻었다. 앞서 말한 꿈의 확장성, 단지 책이 좋아 책을 열심히 읽고 글을 썼는데 많은 기회를 얻고 인생이 변화의 물살을 타기 시작한 것이다. 참으로 놀라운 시간이었다. 나는 그 과정을 통해 '이전과는 전혀 다른 삶을 사는 게 가능하다'는 것을 알게 됐다. 꿈꾸는 모든 것들을 다 이룰 수 있다는 자신감도 생겼다. 이쯤 되면 책이 어떻게 내 인생을 바꿨는지, 왜 책으로 인생이 바뀌었다고 주장하는지 이해될 것이다.

책으로 인생을 바꾸려면 다음 몇 가지 전제조건이 있어야 한다.

1. 자발적 의지로 시작해야 한다

학창시절에 읽은 수많은 고전이 내 인생을 바꾸지 못한 이유는 '독서' 앞에 '억지로'라는 수식어가 붙어 있기 때문이다. 눈은 열려 있어도 마음은 1센티미터도 열리지 않은 독서다. 이 때문에 주도적일 수 없고 필요한 부분을 독서가 채워줄 수도 없다. 그저 점수와 평가를 위한 읽기였을 뿐이다.

2. 생각하고 기다릴 줄 아는 독서여야 한다

수능 국어의 지문 읽듯이 급하게 해치우는 독서법을 버려야 한다. 최대한 빠른 시간에 최대한 많은 책을 읽어야 한다는 강박에 사로잡힌 독서로는 인생을 바꿀 수 없다. 행간과 행간 사이, 여백과 여백 사이에도 집중하는 독서가 인생을 변화시킨다. 행간과 여백에도 집중하는 독서란 생각하고 기다릴 줄 아는 독서다. 남의 생각을 내 머릿속에 집어넣는 게 아니라 나다운 생각이 올라올 때까지 인내심을 갖고 기다리는 것이다.

3. 벗어날 줄 아는 독서여야 한다

책을 고르거나 독서하는 모습을 살펴보면 그 사람의 성격이나 인생관, 심지어 라이프스타일마저 눈에 보인다. 베스트셀러만 구입하는 사람이 있는가 하면 주말에 가족과 함께 시간을 내 서점에 가서 한 권 한 권 살펴보고 책을 고르는 사람도 있다. 목차를 훑어보고 중요한 포인트만 발췌해 읽는 사람, 처음부터 끝까지 한 글자도 빠짐없이 기도하듯 읽는 사람도 있다.

어떤 것이 옳고 그르다는 기준은 없다. 하지만 독서를 통해서도 '다른 삶의 태도'를 만들 수 있다는 건 확실하다. 한 번쯤은 자신의 일상적인 독서법을 벗어나 전혀 다른 스타일의 독서를 시도해볼 수 있다. 이건 그냥 독서법을 바꾸는 일이 아니라 '작은 용기'를 연습하는 일이기도 하다. 익숙한 분야의 책 말고 이전에 한 번도 읽어보지 않았던 분야의 책을 읽는 것이다. 이것 역시 그냥 다른 스타일의 책을 구입하는 일탈 정도가 아니라 틀에서 벗어나는 훈련을 하는 것이다. 이렇듯 독서를 통해 인생을 다양하게 확장하고 변형하는 연습이 가능하다.

　책으로 인생을 바꿀 기회와 방법은 셀 수 없이 많다. 어떻게 활용하느냐가 관건이다. 같은 책을 읽어도 누군가는 삶을 성찰하고 성장시키는데, 왜 누군가는 생각과 행동에 어떤 변화도 일어나지 않는 걸까? 자신이 후자에 속한다고 생각한다면 잠시 책을 덮고 고민해보자. 내 독서는 왜 항상 제자리걸음인지. 이것을 고민하다보면 뜻밖에도 삶 전체를 둘러보게 된다. 책을 대하는 태도가 인생을 대하는 태도와 크게 다르지 않음을 느낄 것이다.

　예를 들어 책상에 늘 30페이지쯤 읽다 만 책이 쌓여 있는데 베스트셀러만 보면 못 참고 또 책을 사는 사람. 이런 사람은 평생 자신을 변화시켜줄 거라 믿는 '획기적인 방법'을 찾아 헤맬 가능성이 높다. '무조건 5킬로그램 감량 보장'이라는 헬스클럽 홍보에 혹하고 3개월 만에 귀와 입을 트이게 해준다는 영어강의에 또 지갑을 여는 것이다.

　무작정 열심히 읽기만 하는 사람도 있을 것이다. 유명 작가나 교수, 요즘은 유튜버들이 추천하는 도서들을 다 읽는 세상 성실한 독자 말이다. 이런 사람은 자신만의 방법을 찾으려 하기보다 남들이 일러준 방법대로 세상을 살아갈 가능성이 높다. 학창시절 '이렇게 공부하면 서울대 간다'는 후기를 닳도록 읽었지만 정작 본인 성적은 그대로인 사람. 남이 끌고 가는 길의 끝에는 그 사람이 효과를 본 방법만 존재한다. 삶의 방향은 스스로 정하고 내 길은 내가 찾아야 한다. 독서도 마찬가지다.

이 책을 덮을 무렵에는 내가 소개한 여러 독서법과 동기부여 글들을 밑밥 삼아 '책을 읽는 나만의 간절한 이유', '나만의 독서법'을 꼭 발견하길 바란다.

인생 책이 쌓일수록
삶은 더 단단해진다

나는 '경제적 흙수저'로 자랐지만 '정서적 금수저'였다. 그 이유는
다음과 같다.

첫째, 어려서부터 아버지가 책 읽는 모습을 보고 자랐다. 아버지
는 지독한 책벌레였다. 심지어 엘리베이터를 기다리는 몇 분 동안
에도 가방에서 책을 꺼낼 정도로 책을 사랑했다. 스무 살 전까지
세상 모든 아버지가 전부 책벌레인 줄 알았을 정도다. 우리 집은
집안 곳곳 손닿는 곳마다 책이 놓여 있었다. 자연스럽게 책을 장난
감처럼 가지고 놀며 자랐고 힘들지 않게 독서습관을 형성할 수 있
었다.

둘째, 책 사는 돈은 절대 아끼지 않았다. 나의 부모님은 옷은 얻어 입거나 중고로 사 입어도 책 사달라는 얘기에는 어떻게든 원하는 책을 전부 사주셨다. 일 년에 몇 차례 읽고 싶은 책 목록을 정리해서 드리면 그 책들은 반드시 구해주셨다. 나는 귀하게 갖게 된 책인 만큼 옷이나 가방보다 소중히 여겼고 같은 책을 읽고 또 읽었다.

셋째, 사준 책을 안 읽는다고 혼난 적이 없다. 그렇다고 부모님이 독서의 장점에 대해 설교하거나 사준 책을 제대로 읽는지 확인하지도 않았다. 공부든 독서든 강요한 적이 없다. 지금에 와서는 그런 생각이 든다. 만약 부모님이 단 한 번이라도 "어려운 형편에 책 사줬더니 왜 열심히 안 읽어?"라는 말을 했더라면 나는 '책읽기=싫지만 억지로라도 해야 하는 것'으로 인식했을 것 같다. 부모님은 책은 읽으면 좋지만 안 읽어도 죄책감을 갖지 않는 게 더 중요하다는 것을 알려주셨다.

이런 '정서적 금수저'로 자란 탓에 삶에 닥친 크고 작은 위기의 순간에 언제나 책을 찾았고 그로 인해 새드엔딩이 될 법한 이야기를 해피엔딩으로 바꾼 적이 많다. 다음은 독서를 통해 바꾼 내 인생의 명장면들이다.

책과 함께한 내 인생의 명장면들

1. 우울증을 치유하다

블로그와 전작들을 통해 어떻게 책으로 우울증을 치유했는지 여러 차례 밝힌 바 있다. 하필 사춘기에 접어들 무렵 집안이 기울었고 경제적 문제로 인한 온갖 어려움과 아픔을 겪었는데 당시에는 그게 우울증인지도 몰랐다.

고등학생이 된 후 참고 숨겼던 마음의 문제들이 곪아 터지기 시작했다. 경제적 여유가 없어 심리상담을 받을 수도 없었기에 나는 책을 읽으며 마음을 다스렸다. 그냥 읽는 것이 아니라 '내게 남은 유일한 해결책'이라는 심정으로 책을 읽었다. 그렇게 '인생 책'이 하나둘 쌓였다. 어떤 책은 망치로 머리를 때린 듯 자극하고 도전의식을 높여 주었고, 어떤 책은 심리치료사처럼 따뜻한 위로와 응원을 해주었다.

그 사이 책을 읽다 좋은 구절을 발견하면 적어두던 노트도 차곡차곡 쌓였다. 책장이 채워질수록 마음의 짐과 그늘은 비워졌다. 그렇게 나는 깊은 우울증을 치유할 수 있었다.

고대 그리스 테베 도서관 입구에는 다음과 같은 말이 적혀 있었다고 한다.

그렇다. 책이 있는 장소가 바로 영혼이 쉬어가는 장소다. 영국 〈가디언〉에 따르면 2014년부터 영국에서는 가벼운 우울증이나 불안장애 증상을 겪는 환자에게 약물 대신 셀프 헬프 북 self-help book, 즉 자기계발이나 심리 에세이 등을 우선적으로 처방하는 '책 처방'을 전국적인 의료서비스로 제공한다고 한다. 책의 치유 효과는 이미 입증되었고 가장 생생한 증인 중 한 명이 바로 지금 이 글을 쓰고 있는 나다.

2. 육아에 휘청대던 순간 책에서 답을 찾다

아이를 낳고 또 한 번 위기가 찾아왔다. 행복하고 감사했지만 한편으로는 두려움과 걱정이 앞서는 날들이 많았다. 갑자기 내 인생에 '뚝' 떨어진 존재, 게다가 그 존재는 모든 것을 내게 의존했다. 좋은 엄마가 되고 싶을수록 어찌할 바를 모르고 허둥댔고 아이에게 멋진 인생 롤 모델이 되고 싶은 욕심에 엄격한 자기검열과 완벽주의로 스스로를 몰아세우며 지쳐갔다.

그때 나는 다시 책을 들었다. 무의식적으로도 알고 있었던가 보다. 지금이야말로 다시 책에서 길을 찾을 시간임을. 물론 당시에 나는 매일, 하루도 빠짐없이 책을 읽었다. 여기서 강조하는 독서는 일상의 자연스러운 풍경 속 하나로 자리 잡은 독서가 아니라 전사가 된 심정으로 책에 파묻혀 원하는 것을 간절히 찾아 헤매는 독서를 말한다.

처음에는 육아서를 열심히 읽었다. 하지만 곧 그만두었다. 육아서마다 각기 다른 지침을 말하고 있었고 그 기준으로 판단하는 것은 나에게 도움이 되지 않았기 때문이다. 그보다는 철학서나 영성 분야 서적에서 많은 도움을 받았다. 아이를 어떻게 훈육해야 할지 고민을 거듭하던 날에 에크하르트 톨레Eckhart Tolle의《지금 이 순간을 살아라》를 읽으며 사실 이 모든 것은 아이의 잘못이 아니라 내 두려움에 기인하고 있음을 알아차리는 식이다.

유난히 보채고 칭얼대는 아이를 간신히 재운 뒤 산더미처럼 쌓인 집안일에 머리가 멍해지는 순간 재클린 크래머Jacqueline Kramer가 쓴 《엄마들을 위하여》를 읽으며 육아와 집안일을 영적 수행이자 명상의 한 형태로 받아들이는 법을 배우기도 했다.

그렇게 책은 다시 나를 일으켜 세웠고 인생 명장면으로 써도 충분할 가치 있는 시간들을 선사했다.

3. 창업, 이직 등 도전과 선택을 응원하다

나의 인생그래프를 그려보면 전혀 다른 분야에 몸담았던 시기가 자주 등장한다. 경력관리 전문가의 눈에는 일관성 없는 경력이 단점으로 비칠 수 있지만 나는 전혀 개의치 않는다. 왜냐하면 내 꿈은 가슴 뛰는 모든 일에 도전해보는 것이니까. 사실 도전하는 순간은 그리 어렵지 않았다. 오히려 도전을 결정하기까지의 과정이 참으로 길고 힘겨웠다.

나는 삼성전자에서 중국어 통역사로 사회생활을 시작했다. 전공을 살릴 수 있었던 데다 만족할 만한 연봉을 받았다. 2년 후에는 공기업 홍보팀에서 사보기획 담당자로 근무했다. 얼마 후에는 통번역회사를 창업해 70여 명의 프리랜서 번역가들과 세계 각국의 언어를 끌어안고 살았고, 이후 몇 차례 더 창업에 도전해 성공하거나 실패했다. 그 밖에도 대학원 진학, 결혼 후 해외 이민, 작가이자 강연자로서의 삶 등 다양한 선택의 순간에 책을 앞에 두고 성찰의 시간을 가졌다.

'정말 이 길로 걸을 준비가 되어 있어?'
'가슴 뛰는 순간뿐만 아니라 지루하고 지치는 순간도 기꺼이 버틸 수 있어?'
'쫄딱 망했을 때 자신을 미워하지 않을 수 있겠어?'

데이비드 호킨스David R. Hawkins, 법륜 스님, 앤소니 드 멜로Anthony de Mello, M. 스캇 펙M. Scott Peck, 레스터 레븐슨Lester Levenson, 그 외 수많은 영

적 스승들이 나의 도전과 선택을 응원해주었다. 책이 아니라면 상상도 할 수 없는 그림이다.

앞으로도 내 인생의 가장 좌절한 순간에도, 가장 축복의 순간에도 어김없이 책이 함께할 것이다.

지금 읽고 있는 책이
나를 말해준다

이 책을 집어 들었다면 분명 독서에 대한 고민(더 많이, 더 잘 읽고 싶다는)을 가진 사람일 것이다. 그렇다면 한 번이라도 이런 의문을 가져본 적이 있는가?

"나는 왜 책을 읽으려고 할까?"

이 질문에 많은 사람들은 이렇게 대답할 것이다.

"일단 책을 읽으면 좋은 거 아닌가요."

"자기계발을 위해서요."

"독서가 삶을 변화시킨다고 하니까."

이런 뻔한 대답 말고 당신만이 답할 수 있는 이유 말이다. 그걸 찾아야 한다. 다시 한 번 자기 자신에게 물어보자.

"나는 대체 왜 책을 읽으려고 하는 걸까?"

최근에 만난 어떤 사람은 이 질문에 이렇게 대답했다.

"집중의 성취를 위해서요. 책에 빠지는 그 순간만큼은 세상과 단절되는 것 같아요. 저는 독서를 하면 마치 명상을 한 것과 비슷한 효과가 나타나요."

뜻밖의 대답이었지만 무척 신선했다. 천편일률적인 대답 속에서 오래 기억에 남았다.

누군가는 또 이렇게 말했다.

"삶에서 절대로 나를 배신하지 않는 것이 몇 개 있는데 그중 가장 확실한 게 바로 책이더라고요. 읽은 시간은 어떤 식으로든 보상받아요."

책을 읽는 이유는 시간이 지나면서 달라지기도 한다. 나는 우울하고 힘든 마음을 이겨내려고 책을 읽었고 시간이 지나서는 책읽기 자체가 재미있고 행복해서 책을 읽었다. 스트레스를 해소하려고 열심히 읽은 적도 있고 앞날이 불안하고 방향을 잃어버려 답을 구하기 위해 책을 읽기도 했다. 요즘은 선택 독서를 한다. 배우고 공부하려는 목적으로 한 분야의 책을 집중적으로 읽는다.

새로운 관점을 갖고자 책을 보는 사람도 있을 것이다. 내 눈으로만 보던 세상을 100명, 300명의 눈으로 바라보기 위해 책을 읽는 것이다. 언어의 세계가 넓어진다는 것은 인식의 세계가 넓어진다는 증거니까.

외로워서 책을 읽는 사람도 분명 있을 것이다. 관계에 치이고 상처받아 혼자만의 세계로 들어가고자 책을 찾는 것이다. 나의 경험상 이때의 독서는 살짝 위험하다. 위로가 되기는 하지만 그 위로 덕분에 점점 더 고립될 가능성이 크기 때문이다.

콤플렉스 때문에 책을 보는 사람도 있다. 가령 상사가 내뱉은 "너는 대체 잘하는 게 뭐냐?" 따위의 갑질 멘트에 놀라 퇴근 후 닥치는 대로 업무 관련 책을 읽는다. 책에서 돌파구를 찾는 것이다.

이것이 바로 '나는 왜 책을 읽는가'를 고민해야 하는 이유다. 책 읽기라는 행위는 현재 나의 내면 상태와 밀접하게 연결되어 있다. '그 사람이 읽는 책이 그 사람을 말해준다'는 말은 진리다. 책은 읽는 사람의 취향과 고민, 가치, 꿈, 목표 등을 여실히 드러낸다. 그러니 가끔은 아주 기본적인 질문을 자기 자신에게 던져보자. '나는 왜 책을 읽을까?' 혹은 '나는 지금 왜 이 책을 읽는 걸까?'

가장 기본적이지만 가장 중요한 질문

이 책을 쓰고 있는 나도 다시 한 번 곰곰이 생각해봤다.

'나는 왜 (그토록 치열하게) 책을 읽었고, 지금도 (누구보다 열심히)

읽고 있고, 앞으로도 (죽을 때까지 쉬지 않고) 읽으려 하는가?'

내가 책을 읽는 궁극적인 이유는 크게 두 가지다.

하나, 내가 원하는 내 모습을 완성하기 위해서.

둘, 스스로를 사랑하고 이해하기 위해서.

이 두 가지는 인생이라는 거대한 학교가 우리 모두에게 부과한 과제다. 이런 중요하고 거대한 질문을 대체 누구에게 매번 물어야 할까? 나는 아무리 떠올려도 책밖에 없다. 그게 이유다.

내가 얼마나 부족한지 알기에 책에 매달려 답을 찾는 것, 내가 얼마나 자주 흔들리는지 알기에 책에 의지해 마음을 다잡는 것, 내가 앞으로도 얼마나 변할 수 있을지 알기에 책에 길을 물으며 가려는 것이다. 우리는 완벽할 수 없다. 완벽한 삶도 없다. 저마다 문제를 안고 살고 인생이 다 가기 전에 반드시 답을 내려야만 하는 질문들이 있다. 그럴 때 지구상 가장 지혜로운 이들에게 '저 좀 도와주세요' 하고 SOS를 치는 거다.

팀 페리스Tim Ferris에게 더 생산적인 삶의 도구들에 대해 묻고, 오프라 윈프리Oprah Winfrey에게 고통에 대처하는 자세를 묻는다. 파울로 코엘료Paulo Coelho에게 인생의 소명을 발견하는 방법을, 틱낫한Thich Nhat Hanh과 디팩 초프라Deepak Chopra에게 분노를 다스리고 '지금 이 순간'을 살아가는 법을 배우는 것이다. 이런 삶, 이토록 우아하고 사치스럽고 현명한 삶, 이렇게 근사하고 지혜롭고 영적인 삶이 어디 있겠는가?

이런 삶은 슈퍼스타나 유명인이 되어야만 가능한 게 아니다. 건물주나 연봉 10억인 사람에게만 허락된 삶도 아니다. 마음만 먹으면 누구나 가능한 라이프스타일이다. 바로 책과 함께라면 가능하다. 책과 함께하는 삶은 스스로의 가능성과 비전을 확장해서 '내가 원하는 내 모습을 완성하고', '스스로를 사랑하고 이해하는' 멋진 과정이다. 그러니 절대로 이 특권을 포기하지 말자고, 나는 오늘도 다짐하며 책을 펼친다.

책과 절친이 되는 나만의 노하우

뭔가를 잘하는 방법은 어쩌면 아주 단순하다. 뭔가를 잘하려면 일단 좋아해야 한다. 좋아하다보면 누가 시키지 않아도 매일 꾸준히 하게 되니까. 그리고 매일 하다보면 결국엔 그걸 잘하게 된다.

단순하지만 확실한 선순환이다. 이때 '잘하는 것'은 고통스러운 노력 끝에 얻어지는 것이 아니라 즐기면서 행복한 마음으로 갖게 되는 것이라 더 의미가 있다. 그렇다면 어떻게 책을 좋아하고 더 잘 읽을 수 있을까? 어떻게 하면 책과 평생 함께할 절친이 될 수 있을까? 벌써 20년째 책과 애틋한 연애를 하고 있는 나만의 노하우를 공개하자면 이렇다.

1. 인생 작가를 만난다

학창시절에 누구나 이런 경험이 있을 것이다. 선생님이 좋아서 그 과목을 열심히 공부했던 기억 말이다. 선생님께 칭찬받고 잘 보이고 싶은 마음에 교과서를 한 번 더 펼쳐보니 좋아하는 선생님이 가르치는 과목은 대체적으로 성적이 우수하게 마련이다.

책도 비슷하다. 어느 날 우연히 '인생 작가'를 만난 사람들의 이야기를 종합해보면 거의 비슷한 패턴을 보인다. 책을 읽다가 번개를 맞은 듯 내 생각과 가치관을 대변해주는 작가를 만난다. 작가에 대한 애정은 완벽한 '정신적 사랑'이기에 꽤나 맹목적이 된다. 그렇게 작가에 빠져 전작을 다 찾아 읽는다. 더 이상 읽을 게 없어지면 비슷한 분야의 비슷한 메시지를 주는 다른 저자의 책도 읽는다. 책을 읽는다는 것의 진짜 행복과 의미를 알게 되고 이제는 책과 헤어질 수 없는 절친, 아니 연인이 된다. 결국 인생 작가 한 명을 만난 것이 독서인생으로 풍덩 빠지는 결정적 계기가 되는 것이다.

2. 작가의 입장에서 책을 읽는다

작가가 된 후 모든 책을 '쓰는 이'의 입장에서 다시 한 번 생각하게 되었다. 일종의 직업병인 셈이다.

"이 작가는 이 부분을 이렇게 표현했구나!"
"재미있고 유익한 인용구와 경험담을 섞었구나!"
"목차가 너무 장황하고 복잡하네."
"저자 소개가 살짝 아쉽다."
"제목과 부제에서 얼마나 고민했는지 다 보여."

작가의 입장에서 책을 읽으면 마치 영화 제작 영상을 들여다보는 것 같다. 책을 읽는 것이 훨씬 더 흥미진진하고 막혔던 부분이 쉽게 이해되기도 한다. 또 꾸준히 작가의 입장에서 생각하다보면 언젠간 나도 저자가 되겠다는, 될 수 있을 것 같다는 희망과 자신감이 생긴다.

3. 종종 스트레스를 날려버릴 수 있는 책을 읽는다

항상 진지한 자세로 독서를 하면 금방 질릴 수 있다. 웹툰이나 예능만큼 재미있어서 스트레스를 날려버릴 수 있는 책도 한두 권 알아두면 좋다. 내게는 영국 작가 닉 혼비Nick Hornby의 소설들, 심리학자 김정운의 에세이, 그밖에 하상욱의 시집, 김연수의 글(은근히 유머러스하다)이 그런 역할을 한다. 친구도 마찬가지 아닌가. 힘들

때 생각나는 친구가 있고 일상이 지루할 때 유쾌한 웃음을 주는 친구도 있다. 책도 다양한 역할과 기능을 해야 한다.

4. 죄책감을 버린다

'○○○ 작가 신간 출간 6개월 만에 20만 부 돌파!'
'요즘 대치동 엄마들 사이에서 난리 난 바로 그 책!'
'전 세계가 주목한 ○○○상 수상 작가의 장편소설 출간!'

이런 타이틀을 걸고 온라인서점 첫 화면에 등장하는 책들을 쉽게 볼 수 있다. 많은 사람들에게 읽히고 좋은 상을 받았다는 건 어떤 의미에서건 읽을 가치가 있는 책이다. 하지만 그 책을 읽지 않았다고 죄책감을 가질 필요는 없다. 만약 남들이 다 좋다고 입을 모아 칭찬하는 책을 읽었는데 내 마음에 어떠한 울림도 없다면? 이때도 자신의 감성이나 이해력을 탓하는 독자들이 있는데 그럴 필요가 전혀 없다. 모두에게 좋은 책이라도 내게 나쁜 책이라면 그건 나쁜 책인 거다. 그건 죄책감을 가질 일이 아니라 취향이나 기호의 문제다. 남들이 다 블랙원피스가 어울린다고 내게도 그게 잘 어울려야 한다는 건 억지인 것처럼 말이다.

반대로 베스트셀러만 읽는 자신에게 죄책감을 가지는 사람도 있다. 식자층이 추천하는 좀 더 '그럴 듯한' 책을 읽어야만 할 것 같은데 항상 유명하다는 책만 사 읽고 슬며시 죄책감을 느낀다. 혹은 책을 읽으면서도 늘 이렇게 읽는 게 맞는지 의심스럽다. 앞서 말했듯 내게 재미있고 기발하고 창의적이고 감동적이면 그게 바로 좋은 책이다. 유명한 책이 꼭 의미가 덜 하거나 재미있는 책이 반드시 가벼운 것도 아니다.

5. 시간과 체력 관리를 한다

시간과 체력이 독서와 무슨 상관이냐고? 규칙적인 생활습관을 가진 사람들이 책도 더 열심히 읽고 자기계발에도 공을 들인다. 통계자료를 볼 필요도 없다. 가까운 친구나 직장동료 들 가운데 몇 명만 떠올려도 금방 알 수 있는 사실이다.

하루 이틀 보고 끝날 게 아니라 책과 평생 친구로 지내고 싶다면 시간 관리와 체력 관리는 필수다. 온종일 지쳐서 회사 일도 간신히 해내는 사람에게 "책 좀 읽으세요." 할 수는 없다. 본인도 지금 자신의 체력으로는 책은커녕 인간관계도 제대로 유지할 수 없다는 걸 잘 안다. 일단 시간과 체력이라는 1차 문제가 해결되어야 다음 단계도 고민할 수 있다. 스스로 확보 가능한 독서시간을 파악하고 일정을 관리해야 한다. 그래야 언제, 몇 페이지가량을 읽으면 좋을지 파악할 수 있다.

6. 물리적 공간을 확보한다

집에 여유 공간이 있다면 나만의 서재를 꾸며본다. 꼭 근사한 책상과 책장으로 꾸미지 않아도 된다. 베란다에 남는 공간이 있다면 작은 앉은뱅이책상 하나 놓고 좋아하는 책 몇 권과 향초를 놓아도 멋지다. 중요한 건 '나만의 공간'을 확보하는 것이다. 혼자 책 보고 글 쓰고 가끔 생각에 잠기거나 음악을 들을 수 있는 나만의 공간. 도무지 집에 그런 공간을 확보하기 힘들다면 단골 카페나 도서관 자리를 하나 찜해두는 것도 괜찮다. 그리고 속으로 외쳐본다.

'저곳은 내 창조성이 깨어나는 작업실이야.'

김정운 교수는 우리 삶에는 아무리 보잘것없이 작은 공간이라도 내가 정말 즐겁고 행복한 공간, 하루종일 혼자 놀아도 전혀 지겹지 않은 공간, 온갖 새로운 삶의 가능성을 꿈꿀 수 있는 공간이 있어야 한다고 말한다. '도피'를 위한 공간이 아니다. '리셋'을 위한 공간이 생기면 정말 삶이 달라진다. 그곳에 있는 동안은 최소한 꿈을 꾼다. 책을 읽고 글도 쓰고 내 안에 예술가가 깨어나는 것이다.

7. 독서 동아리나 모임에 가입한다

가끔 혼자 책읽기 싫을 때가 있다. 나도 그렇다. 혼자 실천하기 어렵다면 다른 사람들과 함께 어울리는 것을 추천한다. 요새는 동네책방이나 도서관만 가봐도 다양한 독서동아리가 있다. 직장인을 위한 심야 독서토론, 주부를 위한 낮 독서모임, 아이와 함께하는 동화읽기 클럽 등 우리 동네 도서관에도 서너 개의 동아리가 활발히 운영되고 있다. 나 역시 코로나19로 인해 온라인독서모임을 개설해 몇달 간 꾸준히 운영하고 있다. 내 마음에 쏙 드는 모임이 없다면 나만의 독서프로그램을 개설해보는 것도 색다른 경험이 될 것이다. 읽기와 쓰기를 함께하는 모임도 좋고 '마케팅 책 10권 읽기'처럼 관심 분야의 주제와 책으로 프로그램을 짜도 좋다.

독서도 스펙터클한
모험이 된다

육아와 독서는 공통점이 있다. 언뜻 매일 반복되는 듯하지만 자세히 들여다보면 한 번도 같은 적이 없다는 사실이다. 아이를 키워본 사람은 알겠지만 아이는 매일, 매 순간 다르다. 독서도 그렇다. 매일 같은 자리에서 매번 비슷한 책을 읽는 것 같아도 사실 그 사람은 한 번도 경험하지 않은 세계를 여행하는 셈이다. 같은 책을 재독, 삼독하는 경우도 비슷하다. 같은 책이라도 다른 시간대, 다른 상황에서 읽으면 새롭게 다가오는 경우가 많다. 그래서 독서는 굉장히 스펙터클한 모험이라고 할 만하다. 모험이란 무엇인가? 우리의 육체나 정신을 새로움에 밀어넣는 것이다. '독서'만큼 절묘하게

들어맞는 게 또 어디 있을까? (물론 육아는 빼고, 하하)

육아와 독서의 공통점은 또 있다. 바로 방심하는 순간 다시 무언가를 던져준다는 것이다. 아이를 키우다보면 소위 말하는 '마의 구간'과 '꿀육아 구간'이 있다.

마의 구간은 따로 설명하지 않겠다. 꿀육아 기간은 대개 '100일의 기적' 이후, 혹은 단유를 하거나 기저귀를 떼는 등 '아, 이제 좀 편해졌네'라는 생각이 들기 시작하면서다. 이 상태라면 육아 전문가가 된 것 같고 좀 더 나가서 육아의 신이라도 된 것 같은 착각이 들 무렵이다. 놀랍게도 아이는 이럴 때 다시 한 번 부모에게 겸손을 가르친다. 지금까지와는 다른 행동과 언어로 새로운 발달 과정에 진입한다. 다시 도돌이표가 되는 거다.

돌아보니 독서도 그랬다. 책을 안 읽어도 인생에 대해 이미 잘 아는 것 같고 자기계발 따위 안 해도 인생이 충분히 잘 굴러간다고 느껴질 때 꼭 사달이 났다. 자신의 한계를 보여주는 어떤 상황에 처하거나 좀 더 배워야 할 어떤 분야를 만나는 식이다. 결국 다시 책으로 돌아온다. 역시 도돌이표다.

육아도 독서도 스펙터클한 모험 그 자체다. 매일 생각할 거리와 배울거리를 던져준다. 그리고 그 안에서 나만의 철학과 통찰을 완성하도록 채찍질한다. 와우!

독서가 좀 더 대담한 모험이 되려면

독서가 좀 더 대담한 모험이 되려면 내 안에 숨은 창의성과 용기를 발휘해야 한다. 먼저, 창의성을 발휘한다는 것은 남들이 하지 않는 특별한 독서법을 만들어보는 것이다. '내가 그걸 어떻게?' 하기보다 '이런 시도도 독서와 접목할 수 있을까?' 고민하면 된다. 예를 들어 카톡이나 밴드로 매일 저녁 라이브 북 토론을 하는 독서모임을 만드는 것은 어떨까? 소설책을 읽고 결론을 내 마음대로 완성해보는 독서법? 회사 내에 '소띠 독서동아리'를 만든다거나 한 달에 한 권씩 주제를 바꿔가며 책을 읽는다.

창의성은 그렇다 치고 독서에도 용기가 필요하다니 무슨 말이냐고? 이때의 용기는 한 번도 시도해보지 않은 것에 대한 도전을 말한다. 앞서 말한 '창의적인 독서'도 결국 용기를 필요로 한다. 익숙한 것을 바꾸는 데는 용기가 필요하다. 언젠가 '내가 읽지 않는 분야의 책은 뭘까?' 생각해봤다. 돌아보니 나 역시 매번 비슷한 주제의 비슷한 분야만 고집하는 경향이 있었다. 독서습관을 점검하며 내가 거의 읽지 않는 분야의 책을 주문해봤다. 답은 바로 나왔다. 역사서와 인물평전. 지루하고 어려울 거라는 고정관념이 있어 쉽게 손이 가지 않았다. 나는 약간 용기를 내보기로 했다. 책을 주문하고 새로운 세계로 다시 여행을 떠났다.

결국 고정관념을 깨뜨렸느냐 아니냐는 여기서 중요하지 않다.

핵심은 고정관념을 인지하고 도전했다는 행위 그 자체다. 이렇듯
독서는 창의성을 개발하고 용기를 연습하는 과정과도 이어진다.
삶을 한 단계 향상시키는 많은 항목과 맞닿아 있다.

책읽기로 자신감을
높여라

일본의 유명한 멘탈 컨설턴트인 호시 와타루星涉는 자신의 저서인 《신의 멘탈》에서 자신감이 생기는 두 가지 방식에 대해 이렇게 설명했다.

첫째는 스스로 하겠다고 결정한 일을 해내는 것이다. '작은 승리'를 연달아 맛보며 자신을 '할 수 있는 사람'으로 인식하는 방법이다. 여기서 말하는 '하겠다고 결정한 일'은 거창한 일이 아니어도 상관없다. 전화 걸기나 이메일 보내기, 약속 잡기처럼 사소한 일이라도 일단 해내면 '나는 할 수 있다'는 자기효력감이 생겨 자신감으로 이어진다고 한다.

두 번째는 경험을 통한 정보의 축적이다. 호시 와타루의 말에 따르면 일단 경험을 거듭해 할 수 있는 일이 늘어나면 자신을 좋아하게 된다고 한다. 자기긍정감이 강화되는 것이다. 이게 중요한 이유는 일단 '나'를 좋아해야 나에 대한 흥미가 생기고, 이는 곧 내가 무엇을 싫어하고 무엇을 좋아하는지, 무엇을 잘하고 어떤 일이 일어나면 어떻게 반응하는지를 잘 알게 되기 때문이다. 자신을 알아가는 과정을 통해 자신의 긍정적인 부분과 부정적인 부분 모두를 알게 되고 어느 쪽이든 자연스럽게 받아들이면서 자기 자신을 진정으로 존중하고 사랑하게 된다는 것이다.

니는 이 부분을 깊이 공감하며 읽었다. 두 방식 모두 '독서'와 완전히 일치한다고 생각한다. 일단 책을 첫 페이지부터 마지막 페이지까지 읽는 행위는 자신감이 생기는 첫 번째 방식, 즉 스스로 해내겠다고 결정한 일을 해내는 '작은 승리' 부분에 해당한다. 책을 한 권, 두 권 완독할 때마다 승리가 쌓인다. 그렇게 1년 정도 연이은 승리를 맛보면 '나는 스스로와의 약속을 잘 지키는 사람', '결국 해내는 사람'이라고 자기평가를 하게 된다.

책을 읽은 뒤 서평을 쓰고 내 삶에 적용해볼 항목을 직접 작성하고 실천하는 과정이 바로 두 번째에 해당한다. 경험을 통한 정보의 축적이다. 《하루 세 줄, 마음정리법》을 읽은 뒤 한 달간 마음을 정리하는 글쓰기를 실천하는 경험, 《식사가 잘못됐습니다》를 읽으며 탄수화물을 대폭 줄인 식습관 혁명의 경험,《달리기, 몰입의 즐거움》을 읽은 후 달리기동호회에 참석한 경험, 이런 다양한 경험들이 '나'를 긍정하게 만들고 자신감을 높이는 결정적인 역할을 한다.

함께 나눈 책은 인생에 자국을 남긴다

위의 두 가지 방법을 혼자서 진행하기 버겁다면 누군가와 함께 시작하는 것도 좋다. 요즘은 동네 도서관에만 가도 이런저런 독서 모임이 상당히 많다. 낭독 모임, 북토크, 리뷰 쓰기, 주제별 책읽기와 어른을 위한 동화나 동시 수업도 있다. 함께 읽는 것은 책을 더 풍성하고 즐겁게 즐길 수 있는 좋은 방법이다. 매일 혼자 걷던 길을 누군가와 함께 걷는다고 생각해보자. 그 길은 같은 풍경이지만 더 이상 같은 길은 아니다. 그 길을 배경으로 나눈 대화도 느낌도 모두 다르게 와닿을 테니까. 함께 읽기도 마찬가지다.

예전에 모임에서 알게 된 지인이 있다. 내가 책을 많이 읽고 작가라는 사실을 알고는 조심스럽게 다가와 이렇게 말했다.

"사실, 남들은 전부 제가 책을 좋아한다고 생각하지만 저는 책읽기가 죽어도 안 돼요."

그 말을 듣고 나는 그에게 이런 말을 해주었다.

당근을 싫어하는 사람이 있다고 치자. 당근을 싫어하는 사람은 크게 세 가지로 나뉜다. 첫 번째는 싫어하니까 절대 안 먹는 사람, 평생 먹을 생각도 시도도 하지 않는다. 두 번째는 몸에 좋다니까 억지로 꾹 참고 먹는 사람, 평생을 먹어도 먹을 때마다 곤욕스럽다. 세 번째는 다른 방법으로 당근 먹기를 시도하는 사람이다. 삶거나 데치거나 다른 채소, 혹은 소시지와 볶아 먹는다.

당연히 세 번째 사람은 크게 고통스럽거나 힘들지 않고 당근을 먹을 수 있다. 이건 비단 '당근 먹기'에만 해당되지 않는다. 일상 속 모든 습관에도 적용되는 말이다. 책읽기도 마찬가지다. 나는 그에게 세 가지 중 어디에 속하느냐고 물었다. 첫 번째와 두 번째를 오간다고 얘기했다. 그렇다면 세 번째를 시도해보라고 조언했다. 독서모임에 참석하거나 한 번도 안 읽어본 웹툰이나 만화책부터 읽으며 일단 '읽기' 그 자체에 매력을 느껴보라고. 다양한 방법을 시도해보면 자연스럽게 읽게 되고 책을 읽는다는 것이 내 삶에 직접적인 영감과 이익을 가져다주는 고마운 일이라는 것을 알게 된다.

함께 읽기가 가져다주는 많은 유익 가운데 가장 대표적인 점은 혼자 읽을 때는 절대로 할 수 없는 경험을 할 수 있다는 점이다. 여러 사람이 같은 책을 두고 서로의 생각을 읽고 듣고 나누고 쓰고 실천하면서 함께 성장한다. 타인을 이해하고 자신을 돌아본다. '좋은 책을 꾸준히 읽겠어'라고 혼자 다짐하는 것보다 다섯 명 앞에서

선포하면 다짐을 좀 더 길게 유지할 수 있다.

앞서 말한 자신감을 키우는 방법으로도 함께 읽기는 많은 도움이 된다. 책을 읽는다는 것은 고요하고 수동적인 행위다. 하지만 단 한 명의 상대만 있어도 굉장히 시끄럽고 능동적인 행위로 바뀔 수 있다. 책을 읽고 서로의 생각과 아이디어를 교류하고 더 나은 삶을 모색하는 과정, 자기계발서 한 권을 정해놓고 저자의 방법을 따라 하며 서로를 응원하는 과정, 각자의 경험과 삶을 풀어내고 소통과 교감을 하는 과정은 혼자서는 쌓을 수 없는 굉장한 경험이다. 그 과정을 해내면 자신감도 쑥쑥 상승할 것이다.

PART 2

읽어도
그때뿐이라면
독서법을
바꿔라

인생을 바꾸는
'동사형 독서'를 하라

"저는 죽어라 책을 읽어도 인생이 안 바뀌던데요?"

강연장에서 만난 독자 한 명이 질의응답 시간에 이렇게 물었다. 이미 이메일로 여러 번 비슷한 상담을 한 전력(?)이 있는지라 당황하는 기색 없이 그의 평소 독서법에 대해 이것저것 물었다. 내 예상은 이번에도 적중! 그의 독서법은 나에게 '책 읽어봐야 남는 게 없다'고 하소연하는 수많은 사람들과 동일했다. 바로 '덮으면 그만인 독서'였던 것이다. 나는 이런 독서를 감히 죽은 독서, 즉 '좀비독서'라 표현한다.

결론부터 이야기하자면 책을 '제대로' 읽지 않을 거라면 안 읽는 게 낫다. 그 시간에 다른 일을 하는 게 모든 면에서 좋을 것이다. 피터 드러커Peter Ferdinand Drucker도 말하지 않았던가? 애초에 하지 말았어야 할 일에 최선을 다하는 것만큼 쓸모없는 짓도 없다고. 그러니까 '제대로 읽지 않는' 독서가 바로 '애초에 하지 말았어야 할' 일에 해당된다. 안 해도 될 일을 열심히, 게다가 꾸준히 하는 것만큼 비극적인 일도 없다. 그건 시간과 에너지, 돈과 인생 전체의 거대한 낭비다.

많은 사람들이 오늘도 열심히 책을 사서 책장을 가득 채우고, '이 책은 나를 변화시킬 것'이라는 희망과 기대를 갖고 또 다른 책을 사지만 여전히 비슷한 인생을 사는 이유는 무엇일까? 그건 마치 한 병에 수십만 원을 호가하는 고급 앰플을 피부에 바르면서 매일 정크푸드를 먹고 술을 마시고 담배를 피는 행위와 비슷하다. 근본적인 무언가가 바뀌지 않으면 영원히 바뀌지 않는다.

그렇다면 '제대로 읽는다'는 것은 무엇을 의미할까? 어떤 독서법이 가장 효율적인 독서법일까?

바로 실천으로 이어지는 독서다. 실천으로 이어지는 독서란 책을 덮은 후 바로 움직이는 '동사형 독서'를 말한다. 왜냐하면 독서란 단지 눈으로 글자를 훑는 행위가 아니기 때문이다. 실질적인 가치로 바뀌지 않는 독서는 진정한 독서가 아니다. 실질적인 가치로 교환하려면 몸을 움직여 실천할 때에만 가능하다. 보고 듣는 것은 전혀 중요하지 않다. 오직 직접 느끼고 해보는 것이다.

《아침형 인간》과 《미라클 모닝》을 읽고 새벽 2시까지 게임을 하다 회사에 지각한다면? 즉 읽기 전과 후가 조금도 달라지지 않는다면 그건 죄책감까지 더해져 최악의 상황이 되고 만다. 아무리 책을 읽어도 제자리걸음이라면 은연중에 '나는 안 되나 보다'라는 부정적 자기인식마저 갖게 된다. 결국 자신감과 자존감 하락으로 이어지고 '나는 뭘 해도 안 되는 사람'이라는 근거 없는 자기 추론의 늪에 빠지는 것이다.

다시 본론으로 돌아가서, 모든 독서란 '동사형 독서', 즉 실천하는 독서여야만 한다. 거창하고 대단한 독서법이 아니다. 가장 기본에 충실한 독서법이다.

흔히 독서를 정적이고 수동적인 행위라고 생각하지만 변화를 이끄는 '진짜 독서'는 놀랍도록 동적이다. 읽고 음미하며 사색하는 데서 그친다면 체육관에서 스트레칭만 하고 집에 가는 격이다. '이것을 내 삶에 적용해봐야겠어!' 하고 결심하는 순간 독서는 살아 숨 쉬기 시작한다.

세상에는 100만 권의 좋은 책이 있다. 100만 명의 저자와 멋진 문장들이 존재한다. 하지만 모든 책을 읽고 집에 모셔 놓는다 해도 실제 삶에 적용하지 않는다면 아무런 의미가 없다. 소각해도 그만인 쓰레기가 될 뿐이다. 종이 책에 생명을 불어넣는 것은 철저히 읽는 사람의 몫이다.

노트 한 권으로 완성하는 실천 독서

실천하는 독서는 다음 과정에 따라 실행하면 된다.

먼저 책을 읽고 내 삶에 적용할 부분을 기록한다. 이때 독서노트를 따로 마련해서 쓰기를 권한다. 노트에 제목을 달아주면 좋다. '인생이 바뀌는 10억 독서노트'도 좋고 '미라클 독서인생'도 좋다. '무조건 되는 노트'나 '원하는 대로 살게 해주는 노트' 등 어떤 제목이어도 상관없다. 자신이 확 끌리는 제목이면 무엇이든 괜찮다.

책을 읽다보면 감탄이나 탄식이 절로 나오는 부분이 있다. 감탄이 나오는 이유는 '아, 나도 이렇게 살고 싶다'라는 깨달음의 결과이고, 탄식이 나오는 이유는 '아, 나는 이제껏 왜 이렇게 살았을까?' 하는 후회와 자기연민의 결과다. 뭐든 좋다. 느끼는 게 있다는 건 언제나 긍정적이니까. 바로 그 부분에 밑줄을 긋고 내 삶에 어떻게 끌어들일 것인지 고민해보자. 왜냐하면 고민의 시작이 바로 변화의 신호탄이기 때문이다.

저자의 지침대로 해봐도 좋고 내 방식대로 조금 변형시키고 싶다면 나만의 규칙을 따로 세운다. 그렇게 '독서를 통한 실천 과제'를 자신에게 내어주고 한 달 정도 충실히 이행한다. 마치 방학 숙

도서명	아주 작은 습관의 힘	출판사	비즈니스북스
저자명	제임스 클리어	출간 연도	2019년
주요 문구	p.56 • 목표는 '책을 읽는 것'이 아니라 '독서가가 되는 것'이다. • 목표는 '마라톤을 하는 것'이 아니라 '달리기를 하는 사람이 되는 것'이다. • 목표는 '악기를 배우는 것'이 아니라 '음악을 하는 사람이 되는 것'이다. 우리가 하는 행동들은 대개 각자의 정체성을 반영한다. 우리는 의식했든 의식하지 않았든 자신이 어떤 사람인지 스스로가 믿고 있는 대로 행동한다.		
내 삶에 어떻게 적용할까?	① 나의 정체성을 다시 세우자 목표는 '건강심리학 3학점을 취득하는 것'이 아니라 '평생 배우고 성장하는 사람이 되는 것'이다. 목표는 '몸무게 5kg 감량'이 아니라 '육체적, 정신적 건강을 완벽히 관리하는 사람이 되는 것'이다. 목표는 '올해 안에 3,000만 원을 모으는 것'이 아니라 '재정적으로 자유로운 사람이 되는 것'이다. ② 새로운 정체성에 맞는 '매일의 행동 규범'을 다시 세운다 매일 아침 새로운 목표를 세 번씩 크게 외친다. 각각의 과제에 대한 단기적 목표보다 궁극적 비전을 들여다보는 훈련을 수시로 한다. 자신에 대한 믿음을 뒤바꿀 습관들을 떠올리고 매일 실천한다. ③ 정체성을 바꾸기 위한 습관을 생각해보자 《아주 작은 습관의 힘》에 따르면 습관은 곧 나의 정체성이다. 매일 침구를 정돈한다면 나는 '체계적 인간'이라는 정체성을 만드는 것이다. 매일 글을 쓴다면 '창조적인 사람'이라는 정체성을 만드는 것이다. 따라서 나는 매일 책을 읽고 온라인 강의를 들음으로써 '평생 배우고 성장하는 사람'이라는 정체성을 갖는다. 하루에 20분씩 걸으면서 '육체적, 정신적 건강을 완벽하게 관리하는 사람'이라는 정체성을 형성한다.		

제를 하는 어린아이처럼 말이다. 이 과정을 딱 1년만 반복하면 인생이 바뀌지 않을 수가 없다. 그렇게 독서노트는 곧 나의 '성공 다이어리'가 된다.

반드시 예시와 같은 순서로 기록할 필요는 없다. 중요한 건 두 가지다.

하나, 책에서 내 삶에 적용하고 싶은 부분은 무엇인가?
둘, 그 부분을 어떻게 실천할 수 있을까?

현재 읽고 있는 책을 통해 내가 실천해야 할 일은 무엇인지 진지하게 고민해보자. 별것 아닌 것처럼 느껴질 수 있지만 그것은 곧 '인생을 어떻게 바꿀까?'라는 물음표의 다른 변주다. 지금 이 글을 읽고 책을 덮자마자 독서노트를 사기 위해 외투를 챙겨 입고 있다면 당신은 5년 후 원하는 꿈과 목표를 어떻게든 이룰 사람이다.

읽고 쓰면
아무도 못 당한다

사회생활을 시작했을 때 세상에 대한 의문이 눈덩이처럼 커졌다. 학생일 때는 그다지 관심을 갖지 않았던 분야에 호기심이 생겼고 돈을 잘 버는 것을 떠나 '진짜 잘 살기 위해' 나에게 필요한 것이 무엇인지를 고민했다. 아마 많은 사람들이 비슷하리라 생각한다.

학교에서는 사랑에 실패했을 때나 직장 내에서의 다양한 관계에 대한 대처법을 알려주지 않는다. 누군가 미워질 때 어떻게 감정을 관리해야 하는지, 원하는 목표를 달성하기 위한 효과적인 시간관리법은 무엇인지 가르쳐주지 않는다. 어른이 된 후 내가 진짜 궁금했던 모든 것은 학교에서는 배운 적이 없는 분야였다. 그래서 나는 책을 읽었다. 어떻게든 답을 찾기 위해서.

그래서 답을 찾았냐고? 모든 답을 찾은 건 아니지만 어쩌면 그보다 더 중요한 것을 찾았다. 바로 나 자신에 대한 믿음. 나는 결국 어떻게든 답을 찾아낼 것이라는 믿음이다. 궁금증을 풀어줄 만한 책을 찾아보고 구입하고 읽고 내 생각을 정리하는 과정에서 나는 뜻밖에도 스스로에 대한 충성심 같은 것을 발견했다. 말하자면 내 삶을 끝까지 책임질 사람은 나 자신이며 내 꿈을 가장 열렬히 지지할 사람도 나뿐이라는 사실이다. 독서를 하며 발견하리라고는 예상치 못한 '의외의 선물'이었다. 책을 읽다보면 무엇이 덤으로 주어질지 아무도 모른다.

지인 중 한 명은 책을 읽으면 명상을 하는 것 같다고 했다. '독서 명상'이다. 명상의 핵심은 생각을 비워내고 현재에 집중하는 것인데 책을 읽으면서 같은 효과를 얻는다는 말이다. 마음이 고요한 수면처럼 잔잔해지고 책을 읽는 동안에는 모든 현실적 고민에서 벗어나는 것이다.

또 다른 누군가는 자신의 분야와 전혀 상관없는 책을 읽으며 창조성을 키운다고 말했다. 내 분야 책읽기도 바빠 죽겠는데 전혀 다른 분야의 책을 읽다니? 언뜻 쓸모없는 짓이라고 생각할 수도 있다. 하지만 그는 '내 것'만 들여다보고 있을 때는 보지 못하는 다른 생각 근육을 단련하는 것이다. 고민에만 매달려 있을 때는 풀리지 않았던 문제들을 많이 해결할 수 있다. 어쨌든 이렇게 책은 뜻밖의 뭔가를 던져주기도 한다.

다시 내 이야기로 돌아와서, 나는 책을 통해 '자신에 대한 믿음'을 공고히 했다고 말했는데 그게 그냥 '읽는' 것으로 끝났다면 쉽지 않았을 것이다. 앞에서 썼듯 '내 생각을 글로 정리하는' 일을 꼭 함께했다. 읽는 것도 중요하고 쓰는 일도 중요하지만 읽고 쓴다면? 마치 호랑이에 날개를 달아주는 격이다. 누구도 무엇도 못 당하는 천하무적 독서 끝판왕이 되는 것이다.

읽기는 '인풋', 쓰기는 '아웃풋'

읽기만 하는 독서가 지식을 자루에 담는 행위라면 쓰는 독서는 철저한 아웃풋이 가능한 독서다. 즉 원하는 것을 원하는 때에 꺼내 사용할 수 있는 기술훈련이다. 왜 그럴까? 읽는 것은 눈으로 들여다보고 작가의 생각을 받아들이는 행위다. 반면 쓰는 것은 작가의 생각을 받아들인 뒤 나만의 확고한 생각을 재가공하는 과정이다. 진짜 창조는 바로 이 단계부터다. 그래서 읽고 쓰는 독서를 해온 사람들은 답하기 힘든 질문에 자신만의 생각을 명확히 표현할 수 있다.

- 서머셋 모옴William Somerset Maugham의《달과 6펜스》처럼 이상과 현실의 괴리로 흔들릴 때 어떻게 균형을 잡을 수 있을까?
- 세스 고딘Seth Godin이 말하는 나만의 전략적 '보랏빛 소'는 무엇일까?
- 알프레드 아들러Alfred Adler의 주장대로 나의 열등감은 내 삶에 어떤 동력이 되었을까?
- 게리 채프먼Gary Chapman이《5가지 사랑의 언어》에서 얘기한 방식으로 가족들과 소통하고 있는가?

'쓰는 독서'를 하다보면 내 삶에 꼭 필요한 질문들에 대해 이느 순간 두뇌가 열린다. 그렇게 '열린 두뇌' 훈련을 지속적으로 하다 보면 짧은 시간 내에도 많은 것이 달라진다. 외적으로 특별한 변화가 나타나지 않는다 해도 상관없다. 일단 내면의 변화가 일어났다면 그게 진정한 변화니까. 내면의 변화가 외부에 투사되는 것은 시간문제다. 그래서 나는 경험에서 우러나온 확신으로 이렇게 말하겠다.

"읽고 쓰는 독서는 반드시 인생을 바꾼다. 반드시 달라진다."

일단 쓰기와 친해져라

쓰는 일이 부담된다면 일단 필사부터 시작하자. 필사도 어려운 책 말고 쉽고 가벼운 에세이나 시집을 고른다. 청소년동화도 필사하기 좋은 교재다. 기왕이면 종이 위에 사각사각, 펜이 종이와 춤추는 소리를 들으며 필사하면 더욱 효과적이다. 글 쓰는 일과 친해질 수 있고 내면을 잠잠하게 만드는 효과도 있다. 필사를 '손으로 하는 명상'이라고 표현하는 이유다. 일단 '쓰는 것'에 대한 두려움부터 극복해야 한다. 필사가 어느 정도 익숙해졌다면 이제는 '내 생각을 쓰는 법'으로 넘어갈 차례다.

그런데 잠깐! 지금부터 말하는 '쓰기'는 무조건 종이에 펜으로 쓰는 걸 말하는 게 아니다. 워드에 정리하든 블로그에 포스팅하든 상관없다. 도구는 중요하지 않다. 손으로 쓰는 게 부담스럽다면 각자 가장 편안한 도구를 선택하면 된다. 어떤 방식으로 쓰든 '쓰는 것'이 중요하다.

이렇게 글을 쓰면서 인생 이면을 돌아보는 훈련을 한다. 그냥 생각만 할 때와 그것을 명확한 문장으로 옮겼을 때의 결과는 다르다. 생각은 안개처럼 사라지고 곧이어 전혀 다른 생각을 몰고 오지만 글로 정리한 생각은 실체로 다가와 힘을 갖는다. 이는 삶을 단단하게 만드는 나만의 인생 공식이 된다.

다르게 살고 싶다고? 그렇다면 이제는 '다르게 읽어야' 한다. 다르게 읽고 쓰면 다르게 보인다. 다르게 보면 다르게 행동하고 결국 지금과는 다른 삶을 살게 된다.

● **쓰는 독서(예시)**

오늘 읽은 책:
– 도서 정보: 레이첼 오마라, 《퍼즈》, 다산북스(2017).
– 오늘의 한 줄: p.46 의식적으로 행동을 변화시키면, 즉 소진되어버린 상태에서 벗어나 일시정지의 시간을 가지면 열정과 의욕이 다시 샘솟고 자신에게 친화적인 환경을 만들 수 있다.

생각하고 정리할 것:
1. 지금 내 일상은 어떻게 흘러가는가?
2. '완벽한 휴식'은 내게 어떤 의미인가?
3. 죄책감 없이 편하게 쉰 적은 언제인가? 이후 내 몸과 마음의 상태는 어떻게 변화되었는가?

나만의 독서대학을
만들자

한 가지 주제로 책을 서른 권 이상 읽어본 적 있는가? 부동산 투자, 글쓰기, 영어 공부에 관한 동기부여 책, 스페인 문화예술 책. 어떤 주제든 관련 도서를 서른 권 이상 읽으면 '준전문가'가 된다. 믿기지 않는다면 지인에게 다음과 같은 질문을 던져보시라.

"살면서 한 가지 주제를 가지고 서른 권 이상 책을 읽은 적 있어?"

대학 전공이나 학점 관련한 독서 외에는 극히 드물 것이다. 어쩌면 한 번도 없을지도 모르겠다. 주변에 '책 좀 읽는다'는 사람들에게서도 자신 있는 대답을 듣지 못했다. 대부분은 이런 반응이었다.

"작정하고 관심 분야 책만 판 적은 없는 것 같아."

그래도 다독가들 가운데는 이런 반응도 꽤 있었다.

"닥치는 대로 읽어왔으니 얼추 그 정도는 되지 않을까?"

그런데 이 대답에는 두 가지 치명적인 문제점이 있다.

첫째, 읽기는 읽었는데 본인조차 어떤 책을 읽고 살았는지 제대로 파악이 안 되어 있다는 점이다. 이건 어떤 형태든 읽기와 관련된 '기록'이 없다는 증거다.

둘째, 잡독, 남독濫讀이 필요한 순간도 있지만 좀 더 전략적이고 체계적인 독서법이 필요할 때도 있다는 것이다. 독서가 인생의 플랫폼 역할을 하는 순간 한 단계 도약이 이루어지기 때문이다.

52만 원짜리 대학졸업장

관심 분야의 주제 한 가지를 정해서 30~40권 정도의 책을 읽는 것. 나는 이것을 내가 짜는 인생독서대학교의 커리큘럼이라고 여긴다. 자, 가성비를 한번 따져보자. 책값을 평균 13,000원으로 계산하고 최대 40권으로 잡았을 때, 이 대학을 졸업하는 데 약 52만 원의 비용이 발생한다. 학기당 수백만 원에 달하는 대학 학비의 3분의 1에도 못 미치는 셈이다.

김애리 독서대학 등록금

13,000원 × 40권 = 520,000원

예를 들어 부동산 경매에 관심이 있다면 먼저 해당 분야의 책을 30권 정도 찾아서 목록을 만든다. 어떤 책을 골라야 할지 모르겠다면 서점에 들러보라. 베스트셀러라고 다 좋은 책도 아니고 주변 사람이 추천해줬다고 나에게도 적합한 책은 아니다. 내 손으로 직접 만져보고 목차, 저자, 내용을 확인한 후 구입한 책이 가장 성공 확률이 높다.

그리고 반드시 두꺼운 노트 한 권을 함께 구입한다. 노트의 맨 앞 장에 작성한 도서목록을 붙이고 앞으로 1년간 공부할 멋진 다짐(선언문)도 함께 적는다. (노트 필기가 부담스럽다면 앞서 말했듯 노트북에 폴더를 하나 새로 생성하면 된다.) 이 과정을 끝냈다면 독서대학 입학식을 순조롭게 마친 것이다.

이후 책을 읽으며 중요한 내용들(잊지 말아야 할 메시지, 직접 실천할 사항, 실천 과정 등)을 노트에 적는다. 한 권 한 권 더해질 때마다 해당 분야 지식과 통찰이 확대되는 것이 느껴질 것이다. 책을 읽다가 도저히 혼자 해결이 안 되는 개념이나 질문과 맞닥뜨리면 같은 분야를 공부하는 오프라인 모임을 찾아보거나 저자 강연회, 세미나에 참석한다. 그렇게 1년의 기간 동안 30~40권의 책을 읽는다면 당신은 그 분야의 준전문가다. 전문가 사이에서도 대화가 가능하고 어느 누구도 당신을 무시할 수 없는 수준에 이를 것이다.

대학 전공은 대개 간절히 원하던 공부보다는 당시 상황(취업률이 높거나 부모의 강요, 수능점수에 맞춰)에 맞게 선택한 경우가 많다. 그렇게 학점 취득을 위해 어쩔 수 없이 공부했으니 졸업하면 놀라운 속도로 잊어버리고 이후 평생 써먹지 않는 사람도 많다.

하지만 '자발적 공부'는 얘기가 다르다. 수업을 듣는 학생이자 커리큘럼을 짜는 교수이자 전체 일정을 계획하는 대학 그 자체라면? 남다른 열정이 생길 수밖에 없다. 특별한 공부 과정이 될 수밖에 없는 거다. 그래서 '대학 졸업 후의 공부'가 인생을 바꾼다. 왜냐하면 그건 나 자신의 숨은 열정과 잠재력을 발휘할 수 있는 진짜 공부이니 말이다.

독서대학 커리큘럼 짜기 5단계

공부의 끝판왕은 '스스로 판을 짜는 공부'다(요즘 아이들에게 가장 부족한 부분이라고 한다). 선생님이나 부모님을 위한 공부 말고 오직 나 자신의 관심과 필요에 의한 자발적 공부. 누가 시키거나 무언가 내세우기 위한 공부 말고 진정한 성장과 변화를 위한 공부 말이다. 이런 어른의 공부에 최적화된 프로그램이 바로 '독서대학'이다.

이 대학의 장점은 앞서 말했듯 저렴한 학비에 나만의 열정과 관심을 반영한 맞춤 커리큘럼이 가능하다는 것이다. 반면 스스로 움직이지 않으면 학점은커녕 수업 자체가 텅 비어 있다는 치명적인 단점도 있다. 어떤 교재를 선택하고 수업시간을 어떻게 채울지, 학점인정을 위한 리포트나 과제는 어떤 식으로 해나갈지 아무도 모른다. 모든 건 나의 역량과 노력, 열정에 의해 움직인다.

한 번도 자발적으로 공부해본 적 없는 이들에게는(말하자면 어렸을 때부터 부모님 손에 끌려 여러 학원을 돌다 선생님이 꼭꼭 씹어 입에 넣어주는 공부만 해온 어른들에게는) 아주 고된 과정이 될 수 있다. 누군가는 지금까지 살면서 한 번도 처음부터 끝까지 모든 것을 혼자 결정해본 경험이 없을지도 모른다. 이건 의지력이나 귀차니즘의 문제가 아니다. 삶의 참여도에 관한 문제다. 이상한 말처럼 들릴 수도 있지만 내 삶에 내가 얼마나 주인공 역할을 잘해왔는가에 관한 문제다.

어른의 공부는 달라야 한다. 코앞에 닥친 시험만 어떻게든 잘 넘기면 몽땅 머릿속에서 지워지는 공부를 할 바에는 편안히 누워 넷플릭스나 시청하는 게 훨씬 낫다. 그건 재미라도 있지.

이 글을 읽는 독자들의 평균 연령을 만 30세로 가정해보자. 그정도 세월을 살아온 사람이라면 누구나 자신만의 서사를 가지고 있을 것이다. 취향과 정체성, 꿈과 소명, 상처와 추억을 가지고 나만의 독특한 시각으로 세상을 살아간다. 이 말은 곧 나의 장점과 단점, 현재 업무나 학업에서의 부족한 부분, 5년 후 꿈을 위해 매진해야 할 과목에 대해 적어도 10대 때보다는 잘 알고 있다는 의미다. 또한 나이가 든다는 것은 '나'에 대해 좀 더 예민한 통찰력을 갖게 된다는 뜻이다. 따라서 어떤 책을 읽으며 어떤 마음의 근육을 단련해야 할지 결정하고 실천하는 데 있어 지금보다 더 적합한 때는 없다. 독서대학을 세우기에 늘 '지금'보다 좋은 시기는 없는 것이다.

1단계: 관심 키워드를 바탕으로 목표 세우기

무엇부터 시작할까? 우선 관심사부터 가지치기해야 한다. 브랜드마케터나 상품기획자처럼 중심 단어를 정한 뒤 떠오르는 키워드를 모두 정리해보자. 자유로운 브레인스토밍 시간이다.

예를 들어 '재테크'라는 단어를 두고 어떤 이는 경매나 공매가, 누군가는 투잡이나 창업 정보가 떠오를 것이다. 막연하지만 평소 관심 있던 분야도 모조리 끄집어낸다. 금테크, 달러 통장, 풍차 돌리기, 엔젤투자, P2P, 쇼핑몰 창업, 유튜브로 돈 벌기, 주식, 펀드 등. 그런 다음 뼈대를 중심으로 독서대학을 통해 무엇을 얻고 배울 것인지 구체적인 목표를 세운다.

2단계: 도서목록 작성하기

이후 'How'에 해당하는 영역을 만든다. 재테크로 부수입 50만 원을 만들기 위해서는 무엇을 어떻게 공부하면 좋을까? 어떤 책을 어떻게 읽으면 도움이 될까? 부동산, 스마트스토어, 주식, 펀드라는 키워드로 관심 서적을 찾아 목록을 만든다. 평소 읽어보고 싶었던 책들, 가족이나 친구에게 한 번쯤 추천받은 책들, 퇴근 후 서점에서 직접 살펴보고 따져보고 고른다면 가장 좋다.

● **독서대학 커리큘럼 짜기 ①**

주제	재테크
관심 키워드	부수입, 창업, 부동산, 한 달 50만 원 등
목표	부수입으로 한 달에 50만 원 버는 방법 연구하기
Why	1. 5년 후 종잣돈 1억을 모으기 위해 2. 퇴사 후 창업자금을 모으기 위해
How	• 부동산 관련 책 10권 읽기 • 스마트스토어 창업 관련 책 5권 읽기 • 주식과 펀드 관련 책 5권 독파하기

3단계: 독서 기간과 시간표 설정하기

각각의 키워드로 찾은 책들이 곧 독서대학의 주교재다. 이제 교재를 바탕으로 구체적인 커리큘럼을 짜야 하는데, 이때 중요한 것은 시간과 체력을 잘 고려해서 무리하지 않게 안배해야 한다는 것이다. 쫓기는 기분으로 책을 읽는 것도, 지루하게 책을 읽는 것도 별 도움이 되지 않는다. 적당한 긴장감 속에서 창의적 사고와 팽팽한 열정이 탄생한다.

총 20권의 책을 독파하여 재테크의 기본기를 익히기로 마음먹었다면 먼저 기간을 정해야 한다. 자신의 상황을 잘 파악해 일정을 짜도록 한다. 직장인이라면 출근 전 한 시간, 퇴근 후 한 시간을 수업시간으로 정하거나 어린이집에 다니는 아이를 키우는 전업맘이라면 아이의 등원시간 이후에 수업을 진행한다.

4단계: 구체적인 커리큘럼 작성하기

과목명도 따로 정해야 한다. 센스 있고 유머러스한 과목명도 좋고 동기부여가 팍팍 되도록 짓는 것을 추천한다. 가령 과목명을 '재테크 기본기 익히기'라고 정해보자. 각각의 책을 읽을 때마다 1학점을 취득할 수 있다. 서평을 작성하면 다시 1학점을 추가로 딸 수 있고 책을 통해 내 삶에 적용할 실천 목록을 세 개씩 추려보고 실천했다면 2학점을 추가로 취득할 수 있다. 모든 과정을 다 이수한다고 가정했을 때 취득 가능한 학점은 다음과 같다.

20권 완독 시: 20학점(권당 1학점)

서평 작성 시: 20학점(권당 1학점)

목록 실천 시: 40학점(권당 2학점)

총 80학점

'재테크 기본기 익히기'는 70학점 이상 취득했을 경우에만 졸업으로 인정해준다. 그렇다면 답이 나온다. 어떻게 얼마나 읽어야 하는지 나만의 방식과 원칙을 만들어보는 것이다.

● **독서대학 커리큘럼 짜기 ②**

과목명	재테크 기본기 익히기
수업 기간	2021년 2월 13일 ~ 2021년 6월 13일 (총 4개월)
수업 시간	(주중) 월, 수, 금 / 오전 11시부터 12시 30분 (주말) 토 / 오후 5시부터 7시
수업 목표	매주 한 권씩 완독하기
수업 내용	• 두 꼭지 이상 읽고 나만의 영감과 아이디어 메모하기 • 내용 요약, 정리하기

5단계: 학습진행표로 체크하기

노트를 준비하거나 컴퓨터에 폴더 하나를 생성한다. 블로그를 개설해도 좋고 인스타그램이나 페이스북 페이지를 활용해서 학습노트로 삼아도 좋다. 도구에 얽매이기보다 본인에게 최적화된 것을 선택하면 된다. 물론 가장 손에 익은 방법을 사용하기를 추천한다. 독서대학을 시작한다고 새로운 SNS플랫폼을 만들었다가 사용법이 익숙하지 않아 기록을 미루는 경우도 자주 봤다. 독서대학은 내 삶에 처음 시도해보는 커다란 도전이다. 아주 작고 사소한 것이라도 삶에 새로운 무언가를 더한다는 것은 쉽지 않다. 매일 마시던 커피 브랜드를 바꾸는 일도 한동안은 불편함과 저항감을 느끼게 된다. 독서대학을 새로운 플랫폼에 시작한다면 내 삶에 처음 해보는 일이 한 번에 두 가지가 되는 셈이다. 별거 아닌 것 같지만 은근한 부담감과 압박으로 작용한다. 따라서 일단 쉽고 편한 도구를 활용하길 바란다.

노트를 사용하기로 했다면 노트 겉면에 독서대학 수강 기간과 커리큘럼명을 적는다. 그리고 독서대학에서 배운 모든 것을 기록한다. 언제 어떤 책을 몇 페이지나 읽었는지, 이 책의 저자에게 본받을 만한 점은 무엇이고 내 삶에 적용할 점은 무엇인지. 그렇다면 내 삶에 그것들을 언제 어떻게 적용해볼지도 적는다.

확신하건대 독서대학은 당신의 삶을 바꿔줄 것이다. 단계별로 성장하는 사람도 있고 한번에 도약하는 사람도 있을 것이다. 결론은 어쨌든 해피엔딩이라는 것! 어떻게든 삶을 변화시킬 것이라는 사실이다.

살면서 원하는 주제로 일정 기간 동안 일정 분량의 책을 꾸준히 정독하기를 제대로 해본 사람은 흔치 않을 것이다. 독서대학 학생이 되어 수업을 듣고, 글을 쓰며, 과제를 제출하고, 학점을 취득하다 보면 어느 날 문득 이것이야말로 행복과 성장을 위한 '진짜 공부'라는 것을 알게 될 것이다. 이후엔 더 적극적으로 더 자발적으로 참여하게 된다. 내가 발전하는 모습이 눈에 보이는데 어떻게 그만둘 수 있겠는가?

매일 조금씩 바꾸는
'1% 독서법'

10년쯤 출판계를 기웃거리며 살다보니 친하게 지내는 출판 관계자들이 많다. 그런데 그들을 만날 때마다 듣는 이야기가 있다. 바로 출판계 위기설이다.

"언제는 뭐, 출판계 위기가 아니었던 적이 있나요?"
"그건 그렇지만 요즘은 진짜 심각한 것 같아요."
"지난번에도 창업 이래 최대 위기라고 했잖아요."
"지난번이 최대 위기였다면 지금이 '진짜' 최대 위기예요."
책은 우리의 삶을 바꿀 수 있는 힘을 갖고 있지만 정작 현실에서는 점점 외면받고 있다. 그 이유는 무엇일까? 알다시피 '독서가 이롭다'는 것을 머리로 아는 것과 실제로 하는 것 사이에는 엄청난 차이가 있다. 이를 건너뛰어야만 한다. 가령 담배를 피우고 술을 마시는 사람 중에 지금 하는 그 일이 건강에 나쁘다는 걸 모르는 사람은 없다. 정크푸드를 먹고 운동을 하지 않으면 노화가 빨리 온다는 걸 모를 리도 없다. 문제는 그 공백을 건너뛰는 방법을 모른다는 것이다.

아는 것과 실제로 하는 것 사이의 공간. 누군가에게 그 공간의 너비는 평생을 시도해도 뛰어넘지 못할 정도로 거대해 보인다. 아니, 실제로 거대하기도 하다. 그래서 많은 사람들이 '결정타'가 터져야만 비로소 움직이기 시작한다. 암세포가 발견된 뒤 담배를 끊는다거나 고혈압이나 고지혈 약을 복용해야 할 지경에 이르러서야 식습관을 바꾼다거나, 삶이 우울하고 불행해 견딜 수 없을 때에야 책을 찾는다. 그중에는 엄청난 내공으로 '결정타' 없이 의지만으로 행동을 이끌어내는 사람도 있다. 하지만 이런 사람은 아주아주 드물다.

그렇다면 돌이킬 수 없는 순간에 이르러야 눈물을 뚝뚝 흘리는 것 말고 방법이 없을까? 방법이 있긴 있다. 느리지만 아주 확실한 방법이다. 바로 매일 '1%'씩 실천하는 것이다.

쉽게 말하면 '1% 독서법'으로 100일간 100%를 채우는 것이다.

독서습관은 한 번 형성되면 평생 제대로 우려먹을 수 있다. 100일은 언뜻 길고 지루한 시간인 것 같지만 그걸 투자해 삶을 궁극적으로 바꿀 독서습관을 확실히 가질 수 있다면 인생에서 가장 멋진 투자가 될 것이다!

한 걸음씩 전진하는 일의 위대함

나는 성격이 꽤 급한 편이다. 그래서 단번에 눈에 보이는 변화를 추구한 적이 많다. 물론 뜻대로 될 리가 없다. 이를테면 매일 오전 7시에 일어나다가 어느 날 갑자기 기상 시간을 오전 5시로 바꾼다거나 운동과 담쌓고 살다가 갑자기 2킬로미터를 전력 질주하는 식이다. '몰아치면 다 된다'는 정신으로 무식하게 들이대다 얻어걸린 적이 몇 번 있기는 하다. 하지만 대개의 경우 급하게 음식을 먹었을 때처럼 탈이 나거나 기진맥진해 에너지를 전부 소진하기 일쑤였다. 그래서 언제부턴가 '느리지만 확실하게 전진하는 방법'을 택하기 시작했다. 일명 '1% 법칙', 스몰스텝small step 법칙이다. 이 법칙은 빠른 결과를 기대할 수는 없지만 결과보다 중요한 '과정'을 들여다보고 진행할 수 있다는 엄청난 장점이 있다. 천천히 걸어가기에 지쳐 나가떨어질 리도 없고 목표한 일에 거부감을 가지지도 않는다.

1% 독서법의 목표는 책을 최대한 많이 읽는 것이 아니다. 하루도 빠짐없이 100일간 매일 세 줄 이상 읽는 것을 목표로 삼는다. 책을 읽기로 마음먹은 그 시간만큼은 깊이 집중해서 읽는다. 큰 소리로 낭독해도 좋다. 단, 하루에 15분 이상은 절대 읽지 않는다. 처음 며칠은 하루에 15분이 아니라 두 시간도 가뿐히 읽을 수 있을 것 같지만 절대 무리해서는 안 된다. '읽는 행위'에 거부감이나 저항감을 느끼는 순간 모든 게 수포로 돌아가기 때문이다. 1% 독서법의 진짜 목표는 책읽기 습관이 없는 사람으로 하여금 즐거운 읽기 습관을 만드는 것이다.

나는 책을 꽤 빨리 읽는 편인데도 도서관에서 대여한 책들은 끝까지 읽고 반납하는 경우가 드물었다. 이유를 생각해보니 정해진 기한이 있기 때문이었다. '기한'이 나를 옭아매 역효과를 만들었다. 대여한 10권의 책을 2주 만에 반납해야 한다는 사실은 매일 2시간 가량 책을 읽어야 한다는 것이고, 그 사실을 뻔히 알면서도, 아니 알면 알수록 나의 책읽기는 경직되었다. 마치 의무와 책임으로 쓰던 초등학교 때 일기처럼 말이다.

책을 읽고 쓰는 게 직업(엄밀히 말하면 직업 중 하나인)인 나도 이러한데 독서습관이 제대로 형성되지 않고 책을 통해 행복과 재미를 느껴본 적 없는 사람들에게 '읽어야 할 책 목록'은 약이 아닌 독이 될 때가 많다. '와 이걸 다 읽으면 인생이 정말 바뀐단 말이지?'라는 마음보다는 은연중에 '이 많은 책을 언제 다 읽지?'라는 걱정이 비집고 나온다. 부담감으로 인한 저항이 생기는 것이다.

다시 본론으로 돌아가면, 1% 독서법으로 일단 책읽기 습관을 들이자. 하루에 15분씩 책을 읽다보면 어느 순간 이런 생각이 들 것이다.

'이건 내가 알던 그 독서가 아니야. 이건 마치 삶에서 일시정지 버튼을 누르고 쉬는 것 같잖아?'

몸과 마음의 긴장이 풀리면서 고민과 갈등으로부터 벗어나는 '세상 밖의 시간' 같다는 생각이 든다. 심지어 꽤 재미있고 편안하다.

'독서가 이런 역할을 한다고?'

그때부터 책은 인생의 치유자가 된다. 세상으로부터 얻은 고통과 상처를 보듬어준다. 놀랍게도 그 과정이 지나면 자신도 몰랐던 대담한 꿈과 다른 삶의 가치를 발견하는 시간도 마련되어 있다. 일단 그렇게 독서에 빠지고 '내면 탐색'의 시간을 갖다보면 모든 책의 메시지가 나를 위해 맞춤 제작된 듯한 착각에 빠진다. 그래서 더는 책을 읽지 않고는 살아갈 수가 없다. 그 어떤 쾌락과 기쁨도 독서가 주는 황홀경에 비할 바가 못 된다.

내가 변하면 주변 사람들에게 긍정적인 영향을 주고 결국은 나를 둘러싼 세상을 변화시킨다. 기적 같은 선순환이 계속되는 것이다. 어서 빨리 이 경지(?)에 이르고 싶다면? 매일 1%씩, 단 15분, 독서를 하면 된다. 100일간 100%, 그 100일이 나를 어떻게 변화시키는지, 어떤 새로운 세상을 열어주는지 꼭 확인해보길 바란다.

왕초보 리더Reader를 위한
책 고르기

1인 출판사가 늘어나면서 출간되는 서적의 양도 어마어마하다. 출판의 장벽이 낮아지고 누구나 쉽게 책을 낼 수 있게 되면서 저자의 숫자도 엄청 늘었다. 출판계에서 '책밥' 10년 이상을 먹은 나도 처음 보는 출판사가 많다. 모임에서 누군가를 만났는데 "저도 사실 몇 년 전에 책을 냈어요." 하고 고백(?)하는 경우도 여러 번 있었다. 가끔은 독자보다 저자가 더 많은 것 같고, 저자보다 책의 종류가 더 많은 것 같아 아리송할 때도 있다. 이 많은 책을 과연 누가 다 읽을까? 화장품이나 공산품처럼 해외 수출이 잘 이루어지는 것도 아니고 이걸 전부 내수시장에서 소화 가능한가, 하는 생각이 든다.

한편으로는 안 그래도 책을 고르기 어려워하는 독자들이 더욱 책과 멀어지는 건 아닐까 염려도 된다. 선택지가 많다고 더 심사숙고하여 현명한 선택을 내릴 리 없다. 오히려 출판사 간 경쟁만 치열해지는 탓에 광고비를 받고서도 아닌 척 책을 홍보한 북튜버 사건 등이 일어났다고 본다. 돈이 없는 출판사는 경쟁에서 밀려 초판만 간신히 파는 정도고 광고비에 수백, 수천을 투자할 수 있는 대형출판사는 베스트셀러 목록을 선점한다. 책 쓰는 사람으로서 매우 안타까운 현실이다.

그렇다면 나를 위한 책을 사본 경험이 없는 독자들은 어떻게 좋은 책, 자신과 맞는 책을 고를 수 있을까? 아니, 과연 고를 수나 있을까?

물론이다. 시간은 좀 걸리겠지만 인생을 뒤흔들어줄 책, 가슴을 후벼 파는 책, 평생 곁에 두고 삶의 길을 물을 책을 고를 수 있다. 물론이고말고. 하지만 '시간이 걸린다'는 점은 감안해야 한다. 자동차를 한 번도 구입해보지 않은 사람이 단번에 좋은 중고차를 선택할 수 있을까? 가죽가방을 사본 적 없는 사람이 좋은 가죽을 고르는 법을 알까? 일단 뭐든지 많이 해봐야 잘한다.

나는 가끔 온라인 쇼핑을 하는데 할 때마다 망한다. 그 이유를 온라인상에서 옷을 사본 경험이 부족하기 때문이라고 본다. 하지만 책 쇼핑은 실패한 적이 거의 없다. 성공 확률은 시간이 갈수록 점점 높아진다. 일주일에 한두 권씩 10년 이상 책을 꾸준히 구매하기 때문이다. 한 만큼 잘할 수밖에 없는 거다.

일단 책을 고르기에 앞서 내가 원하는 분야부터 생각한다. '그냥' 서점에 가서 '그 순간' 끌리는 책을 사는 일도 가끔 필요한 즐거움이긴 하지만 성공 확률을 높이려면 책 고르는 데도 프로세스가 필요하다.

'자녀교육서'를 고른다고 가정해보자. 이제 세부 카테고리를 생각해본다. 어떤 책이 필요하다는 것은 나에게 어떤 조언이나 충고, 그도 아니면 위로나 지혜가 필요하다는 의미다. 자녀교육서 중에서도 구체적으로 무엇이, 왜 필요한가? 어쩌면 말이 안 통하는 열두 살 딸아이와의 대화를 위해서일 수도 있고, 매번 버럭 소리를 지르는 내 모습이 못마땅해서일 수도 있다. 그렇다면 세부 카테고리는 '자녀와의 대화법'이다.

이제 범위가 상당히 좁아졌다. 다시 한 번 정리하면,

① 현재 어떤 분야의 책을 원하는지 떠올려본다.
② 그 분야의 책이 왜 필요한지 생각해본다.
③ 분야를 정했다면 세부 카테고리를 고민한다.

여기까지 왔다면 온라인 서점이나 포털사이트에 해당 카테고리의 책을 검색하여 제목과 목차를 확인한다. 유용하다 싶은 책을 세 권 정도 꼽은 뒤 적어도 서평 세 개씩은 읽어본다. 이렇게 손품 들여 고른 책은 실패할 확률이 매우 낮다. 물론 시간도 걸리고 번거롭기도 하겠지만 책이 한 사람에게 미치는 영향을 생각한다면 수고스러울 것도 없다. 나의 경우 이렇게 고른 책을 서점이나 도서관에서 직접 실물 영접(?)까지 한다. 꽤 기대했는데 프롤로그만 읽고 실망하여 구매하지 않은 적도 있고 스르륵 넘겨본 책에서 본 몇 개의 문장 때문에 그 저자의 다른 책까지 모두 산 적도 있다.

가장 중요한 건 이 과정을 천천히, 즐기면서 해야 한다는 것이다. 1초에 몇 개씩 업로드되는 SNS와 눈뜨고 나면 뒤바뀌어 있는 각 분야의 최신 트렌드, 안 그래도 정신없이 돌아가는 세상에 보폭을 맞추느라 힘든데 책을 고를 때만큼은 부디 차분해지길 바란다. 초보 독자에게 이 과정에서 '설렘'을 바라는 건 부담이겠지만 기대감과 즐거움 정도는 충분히 만끽할 수 있으리라 본다.

그렇게 고른 책이 한 권 두 권 쌓이면 어느새 책 고르는 선수가 되어 있을 것이다. 상투적이고 관용적인 훈계만 늘어놓는 자기계발서인지, 저자 생각이 아닌 죽은 위인들의 명언만 잔뜩 짜깁기한 에세이인지가 한눈에 분간이 되는 것이다. 그렇게 안목을 기르고 인생 책 목록을 늘려간다. 더불어 내 삶도 단단하고 야무지게 완성해가는 것이다.

진정한 읽기란
쓰기로 완성된다

한때 '이생망'이라는 단어가 유행한 적이 있다. 인터넷 게시판에서 하도 이생망, 이생망 떠들길래 검색해봤더니 놀랍게도 '이번 생은 망했습니다'라는 슬픈 문장의 줄임말이었다.

하지만 나는 '이번 생에도 가능합니다'라고 말하고 싶다. 책과 함께라면 말이다. 무엇이 가능하냐고? 꿈의 실현, 또 다른 기회와 목표의 성취, 아니 내가 원하는 궁극적 삶의 모습까지 모든 것이 가능하다. 아직 '이생망'을 외치기에는 남은 날들에 너무 미안하지 않은가? 끝날 때까지 끝난 게 아니며 신이 쉼표를 찍은 자리에 마침표를 찍지 말라는 유명한 문구도 있지 않은가? 신도 한 사람을 평가

할 때는 그의 마지막 날까지 기다려준다고 한다. 다시 말하지만 '이번 생도 가능하다'. 지금 이 순간부터라도, 실패의 아이콘 같은 지난 삶이라도, 후회와 연민만 가득한 기억뿐이라도 인생을 바꿀 수 있다.

뒤집어엎기 위해서는 반드시 써야 한다. 그냥 읽고 끝나는 게 아니라 읽으며 써야 한다. 왜냐하면 쓴다는 것은 곧 '명확해진다'는 의미이기 때문이다. 읽는다는 것이 좋은 아이디어나 지혜를 받아들이는 과정이라면 쓰는 것은 받아들인 것들을 내 것으로 명확히 구체화시킨다는 과정이다.

내가 진정 무엇을 원하는지, 궁극적으로 어떤 삶을 살고 싶은지. 남들은 쉽게 하는 일들이 왜 그렇게 힘든지, 혹은 달라지고 싶은데 구체적으로 무엇을 어떻게 해야 하는지 쓰다보면 남의 생각이 아닌 '내 생각'이 정리가 된다. 노트를 덮은 뒤 바로 취해야 할 액션플랜을 세우고 머릿속에 구름처럼 떠 있던 모호한 생각들은 단단한 형태를 갖춘 조각품이 된다.

생각의 특징은 말하지 않아도 잘 알 것이다. 무심코 떠올린 한 가지 생각은 꼬리에 꼬리를 물고 늘어져 우리의 머릿속을 복잡하고 골치 아프게 만든다. 하나의 생각이 흘러가는 과정을 살펴보면 주로 다음과 같다.

내년엔 반드시 책을 써서 출간하고 싶어. ➜ 요즘 글 잘 쓰는 사람이 얼마나 많은데 또 이상한 꿈을 꾸는구나. ➜ 근데 지금까지 한 번도 시도조차 해보지 않았잖아. 운 좋게 책을 내게 될지 누가 알아? ➜ 맞아, 내가 쓴 책이 나와서 베스트셀러가 되면 회사는 그만 다녀야지. ➜ 그나저나 과장님이 다음 주까지 3분기 전략기획서 작성하라고 했는데 골치 아프네. ➜ 또 엄청난 삽질과 야근이 시작되겠군.

생각이란 녀석은 두서도 맥락도 없이 머릿속을 단숨에 장악한다. 우리는 스스로 체계적이고 논리적으로 생각한다고 여기지만 연구 결과를 살펴보면 생각이 얼마나 비논리적이고 감정적으로 전개되는지 확인할 수 있다. 하루에 무려 5만 가지를 생각한다는 우리의 두뇌. 그 안에서 스스로에게 가장 유리하고 전략적인 생각만 끄집어내기란 쉽지 않다. '쓰기'란 그래서 필요하다. 반드시 쓰면서 생각을 정리해야 한다.

쓰기의 특별한 힘

나의 경험상 책을 눈으로만 읽으면 30% 정도가 내 몫이 되었다. 하지만 쓰면서 읽은 책은 70% 이상 내 것이 되었다. 저자의 이론

과 경험을 나란히 적어보고 '나는 어떤 경험을 통해 성장하고 싶은
지' 곱씹어보는 시간을 갖는 것이다. 그래서 쓴다는 말의 또 다른
의미는 '겸손해진다'다. "나는 배움을 필요로 하는 인생학교 학생
입니다. 겸손한 자세로 수용하겠습니다. 지금의 부족함을 인정하
고 더 나아지고자 성실하게 습득하겠습니다."라는 말의 행동버전
인 셈이다.

우리가 책을 읽는 궁극적 이유가 '지금보다 더 나은 삶'이라면
쓴다는 것은 읽기의 가장 훌륭한 트레이너다. 다음 페이지의 독서
노트를 참고하길 바란다.

책을 읽으면서 쓰는 일이란 다음의 과정이다.

산출 저자의 철학을 일목요연하게 정리하기
기획 나에게 적용하고 싶은 것을 추려내 인사이트 얻기
적용 실천 방향을 세우고 진행하기
변화 작은 성공을 반복하며 큰 변화로 나아가기

일 년에 딱 세 권만 읽더라도 산출, 기획, 적용, 변화의 프로세스
를 '제대로' 진행한다면 당신의 삶은 분명 변화될 것이다. 무조건
달라진다. 즉각적인 변화를 일으키지는 못하더라도 일단 마음에
달라지고 싶다는, 달라져야 한다는 판이 깔리기 시작한다. 그러면

변화는 시간문제다. 이 과정을 통해 작은 성공을 경험해보면 쓴다
는 것이 어째서 삶에 마법을 일으키는 특별한 힘인지 이해하게 될
것이다.

도서명	일단 오늘 한 줄 써봅시다	출판사	비즈니스북스
저자명	김민태	출간 연도	2019년

주요 문구	P. 163~164 꾸준히 글을 쓰다 보면 '내가 이런 것에도 흥미가 있었나?' 하는 생각이 종종 들 때가 있다. 흥미의 발견, 혹은 씨앗의 발아라고 할 수도 있다. 한번은 이런 적이 있었다. 2015년 봄 나는 우연히 차이콥스키의 〈피아노 협주곡 1번〉을 듣게 됐는데, 이 곡을 들으면서 마치 거친 바다의 파도를 피아노 한 대가 자기만의 선율로 제압하는 듯한 느낌을 받았다. 그 후로 나는 이 곡에 단단히 꽂혀 100번도 넘게 들었다. (중략) 새로운 연결은 나 자신조차 미처 모르는 내 안의 잠재력을 깨운다. 잠재력이 깨어나는 순간 알 수 없는 미래가 꿈틀거리기 시작한다. 지금 내가 이 글을 쓰는 것도 바로 그런 경우다. 내가 글쓰기에 관한 글을 쓰고 있다니! 2년 전만 해도 이것은 상상도 못했던 일이다.
독후 활동	① 책을 읽거나 글을 쓰다가 예상 밖의 주제에 흥미를 느꼈던 경험이 있는지 내 삶을 돌아본다. ② 글쓰기를 통해 강화할 수 있는 능력에는 무엇이 있는지 생각해본다.
진행 과정	① 글쓰기와 전혀 무관한 주제인 '운동과 명상'에 관심을 갖게 되었다. 글을 더 오래, 많이 쓰고 싶은 욕심이 체력을 기르는 일에도 노력을 기울이게 했고 이것이 다시 운동일지를 작성하고 달리기나 요가에 관한 에세이를 여러 권 찾아 읽게 만들었다. ② 문제해결과 관찰 능력을 높일 수 있다. 글을 쓰며 자기 자신을 면밀히 돌아보는 가운데 최고의 의사결정을 위한 합리적이고 논리적인 사고를 하게 된다. 직장 내 인간관계 문제부터 가족 간의 크고 작은 불화, 경력의 방향성 점검, 그밖에도 인생의 여러 가지 고민들을 글로 풀어내며 해결해온 사람은 자신만의 특별한 문제해결 능력을 갖추고 있기 마련이다. 글을 쓰면 주변 사물이나 사람들을 더 자세히 관찰하게 된다. 글감을 수집하며 기록하는 일상을 살다보니 가끔은 너무나 평범한 가구들, 집안일, 아이의 장난감마저 관찰의 대상이 되기 때문이다.

15분 글쓰기,
긴 호흡을 위한 멈춤

스티브 잡스 Steve Jobs와 오프라 윈프리를 열광케 했다는 '마인드풀니스' Mindfulness (마음챙김) 명상법이 전 세계를 강타했다. 명상의 핵심은 '멈춤'이다. 도저히 멈출 수 없을 것 같은 일상을 의도적으로 일시 정지시키는 것이다.

사람들의 멈춤에 대한 욕망이 얼마나 큰지는 출판시장만 들여다 봐도 알 수 있다. 시중에는 명상, 쉼, 여행, 퇴사, 조기은퇴, 휘게와 관련된 책들이 끊임없이 쏟아져 나온다. 잠시라도 내려놓고 멈추고 싶은 사람들이 이렇게나 많은 것이다.

사실 우리는 '멈춤'에 좀 더 일찍 주목했어야 했다. 오프라 윈프리의 말처럼 모든 사람은 인생에 한 번은 '내리막'을 걷게 되니까. 평소에 멈추는 훈련을 해두지 않으면 내리막에서 '날개 없이' 추락할 수도 있다. 몸이 망가지든 정신이 고꾸라지든 걷잡을 수 없는 나락에 빠지게 된다.

누구나 살면서 한 번쯤 '이렇게 살면 안 되는데'라고 혼잣말을 할 때가 있다. 문제는 그게 그냥 혼잣말로 끝난다는 데 있다. 위기의식을 느꼈지만 그게 전부다. 어디서부터 어떻게 고쳐야 하는지 알지 못한다. 그래서 멈춤 버튼이 반드시 필요하다. 성공한 모든 사람들은 일시정지의 대가라는 말도 일리가 있다. 그렇다면 우리는 어떻게 해야 멈춤 버튼을 누를 수 있을까?

"매일 10시간씩 업무에 시달리는데 '일시정지'를 하라고? 말도 안 되는 소리!"

이렇게 넘겨버리면 안 된다. 아이 셋을 독박육아하며 매일 전쟁을 치르는 엄마에게도 단 5분의 일시정지는 반드시 필요하다. 단순한 '쉼'이 아니라 내가 어떻게 삶을 끌고 가고 있는지 돌아보는 '전략적 쉼'이다. 무감각한 일상을 그냥 살아내는 게 아니라 내 식대로 색칠하며 살아내고 있음을 스스로에게 확인시키는 작업이다.

하루 중 짬을 내서 스파를 받거나 명상센터에 등록하라는 게 아니다. 노트와 펜을 꺼내놓고 글쓰기를 시작하면 된다. 길게도 말고 하루에 딱 15분. 노트에 아예 '일시정지를 위한 글쓰기'라고 적어보면 어떨까? 마인드풀니스 명상처럼 숨을 들이마시고 그보다 길게 숨을 내뱉는 작업을 하는 것이다. 숨을 들이마시는 것은 나 자신과 주변과 인생을 돌아보는 것이고, 숨을 내뱉는 것은 '내면의 소리에 귀 기울이는 것'이다. 하루 중 15분간 잠시 쉬는 일은 그 어떤 것보다 소중하고 가치 있다.

재충전과 쉼을 위한 글쓰기

내 삶의 위기는 나만 안다. 부모나 배우자도 나의 모든 것을 알 수 없다. 진정한 위기의 순간에 나를 구할 수 있는 유일한 사람은 오직 나 자신이다. 이 말은 곧 위기를 빠져나올 힘 역시 내 안에, 내 손에 있다는 의미이기도 하다.

삶에 일시정지가 필요하다는 생각이 든다면 작은 노트를 하나 준비하자. 방구석을 굴러다니는 펜 하나를 집어 들고 어쩌면 삶이 끝나는 순간까지 자발적으로 쓰게 될 '일시정지를 위한 글쓰기' 작업을 시작하자. 자발적으로 진행한다는 뜻은 이 일의 진짜 가치를 이해하고 효과를 얻으면 새벽 2시까지 일을 하다가도 잠들기 전에 '이 일'을 하게 된다는 말이다. 내가 그랬으니까.

쉼을 위한 글쓰기에는 세 가지 종류가 있다.

첫 번째는 전날 읽은 책이나 현재 읽고 있는 책에서 좋은 구절을 발췌해 필사하고 그것에 대해 묵상하는 글쓰기다. 예를 들어 《내 인생의 호오포노포노》라는 책에 다음과 같은 구절이 있다.

> 좋은 것을 좋게 보는 것은 용기를 필요하지 않습니다. 가장 못난 것, 때 묻고 아픈 것, 가장 숨기고 싶은 것을 안고 볼 수 있는 것이 용기입니다.
>
> _이영현, 《내 인생의 호오포노포노》, 렛츠북(2016), p.61

이 구절을 그날 하루 나를 지탱할 한 줄로 삼고 세 번 필사하며 조용히 읊어본다. 이때 중요한 것은 반드시 진심을 다해 심장에 전해지도록 메시지를 새겨야 한다는 것이다.

두 번째는 감정을 그대로 드러내는 글쓰기다. 줄리아 카메론Julia Cameron의 《아티스트 웨이》라는 책에서 저자는 우리 안에 있는 예술가의 기질을 깨워 삶을 업그레이드하라고 말한다. 이때 가장 중요하고 핵심적인 도구로 글쓰기를 꼽는데 저자가 말하는 글쓰기가 바로 '감정 흐름을 따라 가는 글쓰기', 일명 '모닝페이지 쓰기'다. 저자는 이 방법으로 본인의 알코올 중독과 우울증을 치료했다. 그리고 전 세계 수십 만 독자들이 같은 방법으로 스스로 치유했음을 밝혔다.

감정을 그대로 드러내는 글쓰기는 왜 '진정한 쉼'을 제공할까?

그 이유는 나라는 사람을 객관적으로 지켜본다는 데 있다. 평소에 감정을 억압하고 살다가 아침마다 글을 쓰며 묵힌 감정을 끄집어내면 '아, 이래서 내가 평소보다 더 화가 났구나', '어제 그 단어가 유독 내 자존심을 건드린 이유는 뭐지?', '나는 왜 아침마다 짜증이 나지?' 등의 이유가 보인다. 변화의 시작이다. 변화는 일단 알아차리는 것으로부터 시작된다. 내가 지쳤구나, 내가 힘들구나, 내가 많이 참고 있구나, 하는 것을 알아차린 뒤에야 '그렇다면 어떻게?'라는 물음표가 뒤따라온다. 감정의 흐름을 따라가는 글쓰기는 그래서 일시정지가 된다. 나를 둘러싼 모든 책임과 지책을 잠시 내려놓고 그냥 나라는 사람과 감정에만 집중하는 시간. 우리 모두에게는 반드시 그런 시간이 필요하다.

세 번째는 '나'를 주제로 하는 글쓰기다. 하루에 15분만 시간을 내서 '나'에 대한 글을 써보자. 질문 목록은 아주 다양하다. 나에 대한 모든 것을 전부 끄집어낸다는 생각으로 글을 써보는 것이다. 나의 약점은 무엇인지, 나를 가장 힘들게 하는 사람은 누구인지, 수입에 관계없이 꼭 배워보고 싶은 분야는 어떤 것이고 한 번쯤 해보고 싶었던 직업은 무엇인지, 3년 후 나는 어디에서 누구와 무엇을 하며 지내게 될지, 인생 최종 목표이자 최대 가치는 무엇인지까지. 그야말로 내 안에 있는 모든 것을 낱낱이 밝혀보는 것이다. 이 작업은 생각보다 매우 흥미진진해서 15분 만에 다 쓰기 힘들 정도다.

사실 우리는 이러한 글쓰기를 10대 때 이미 했어야 한다. 전공을 선택하거나 본격적으로 사회생활을 시작하기 전에 '나'에 대해 더 고민하고 알아야 했다. 하지만 학교와 가정, 사회 어디에서도 이것의 필요성과 중요성에 대해 알려주지 않았다. 그러나 아직 늦지 않았다. 지금이라도 '나'를 알아가면 된다.

'나'는 평생 배우고 이해해야 할 존재다. 자아 탐색은 한순간에 완성되지 않으며 죽을 때까지 꾸준히 해야 하는 기나긴 과정이다. 나를 중심에 둔 글쓰기가 일시정지로 작용하는 이유는 나 자신을 이해해야 진정한 행복과 평화를 얻을 수 있기 때문이다. 이끌려가는 삶이 아닌 주도적으로 계획하는 삶을 꿈꾼다면 우리 모두에게는 이 세 가지 방법의 글쓰기가 반드시 필요하다.

나를 치유하고
성장시키는 서평 쓰기

서평을 쓰겠다고 다짐하고 읽는 책은 시작부터 마음가짐이 다를 수밖에 없다. 대충 읽어서는 줄거리 요약은커녕 저자의 주장이나 논제를 제대로 파악조차 할 수 없기 때문이다. 서평 쓰기에 정답은 없지만 두고두고 남는 책, 여러모로 도움이 되는 책을 찾고자 한다면 공들여 서평을 써볼 것을 권한다.

읽으며 메모하기

아무리 짧은 책도 200페이지 남짓임을 감안할 때 평소 SNS용단문에 익숙한 사람이나 책읽기가 힘겨운 사람에게 서평 쓰기는 엄청난 압박이 될 수밖에 없다. 처음부터 끝까지 한 호흡으로 읽은 뒤 '자, 이제 이 책이 말하고자 하는 바와 그에 따른 내 생각은 뭔지 종이 위에 펼쳐보자'라고 한다면 머릿속이 하얘질 것이다. 그건 매일 책을 읽고 글을 쓰는 나에게도 부담스러운 과제다. 특별한 주제나 오래 기억에 남는 메시지를 담은 책이 아닌 이상 저자의 생각을 논리정연하게 정리하는 건 쉬운 일이 아니다. 그래서 내가 쓰는 방법은 중간중간 메모를 하는 것이다.

일단 모든 책에는 하나의 콘셉트, 즉 중심 주제가 있다. 당연한 얘기다. 말하기, 대인관계, 독서법이나 글쓰기 등 저자가 책을 쓸 때 한 '기둥 생각'이라는 게 있기 마련이다. 중심 주제를 새기면서 책을 읽으며 저자의 핵심 메시지라고 판단되는 부분과 나에게 특히 와닿은 부분을 나누어 메모한다. 나처럼 책 여백에 메모해도 좋고 노트나 수첩에 따로 정리해도 된다.

이렇게 중간중간 메모하며 책을 읽으면 나중에 서평을 쓸 때 그 부분만 이어 붙인 뒤 문맥을 매끄럽게 정리하는 정도만 손봐도 읽을 만한 서평이 완성된다. 시간도 절약되고 주제에서 벗어나지 않는 서평을 쓸 수 있다.

저자를 통해 '나'를 보는 글쓰기

사람들이 책을 읽을 때 착각하는 것이 하나 있다. 저자가 의도한 대로 읽는 게 중요하다는 생각이다. 그렇지 않다. 우리는 서평을 쓰거나 책의 논제를 뽑기 위해 책을 읽는 것이 아니다. 저자의 생각보다 '내 생각'이 중요하다.

자, 한번 생각해보자. 어떤 저자가 책에 이렇게 썼다.

나는 늘 가정보다 일이 중요했다.

이 문장을 읽을 때 중요한 것은 저자의 생각이 아니라 나의 생각이다. 이는 우리가 책을 읽는 근본적인 이유와도 연결된다. 우리가 독서를 하는 이유는 누군가의 생각을 내게 주입하려는 목적이 아니다. 지혜롭고 똑똑하다고 판단되는 어떤 작가의 글을 통해 나 자신과 내 삶을 돌아보는 것이 궁극적인 목적인 것이다.

누군가는 위의 문장에 고개를 끄덕일 것이다. 자신도 항상 비슷한 생각을 하며 살았기 때문이다. 두 아이를 떼어놓고 매일 직장을 그만둘까 이어갈까를 고민 중인 워킹맘에게는 불편하기 짝이 없는 문장일 것이다. 저자에 대한 반발심이 생길 수도 있다. 또 다른 누군가는 이 문장을 요목조목 분석해볼 것이다. 일단 나의 생각은 저자와 다르지만 저자는 왜 그런 생각을 갖게 되었을까를 책 전체와 저자의 인생을 놓고 다시 돌아본다. 저자는 20년째 직장에서 능력의 최대치를 끌어 쓰며 일부러 아이를 갖지 않은 여자 혹은 남자일수도 있고, 보수적인 아버지 밑에서 열정을 숨긴 채 살아야 했던 엄마를 보고 자라 그런 마음을 갖게 된 워킹맘일 수도 있다.

좋은 책의 정의는 모두 다르지만 '나에게 좋은 책'이란 내 삶에 빗대어볼 수 있는 책이다. 저자의 삶과 생각을 통해 내 것을 돌아보는 것이다. 좋은 서평도 마찬가지다. 저자는 이러이러한 내용을 몇 페이지에 기술했습니다가 아니라 그로 인해 내 삶과 나 자신에 대해 무엇을 느꼈는가를 발견하는 글쓰기다.

이런 서평을 쓰는 방법은 간단하다. 솔직하면 된다. 내 마음을 솔직하게 들여다보고 글로 풀어내면 된다. 기교나 기술은 중요하지 않다. 어디 제출하거나 보여주기 위한 서평이 아니라 진정한 성장을 위해 서평을 쓴다면 속내를 편하게 털어놓자.

서평의 심화 버전

또 다른 방법은 다양하게 서평을 써보는 것이다. 마인드맵, 그래프, 그림 그리기, 만다라트 등 상상력과 창의력을 동원해 서평을 써보는 것이다. 어른들의 서평은 대부분 비슷하다. 저자의 메시지와 자신의 의견을 덧붙인 아주 충실하고 성실한(하지만 지루한) 글쓰기다. 하지만 아이들은? 아이들이 서평을 쓰는 방식은 좀 더 다양하다.

3년 전에 충청남도의 한 초등학교에 글쓰기 특강을 하러 간 적이 있다. 초등학교 4, 5, 6학년 학생들을 대상으로 강연을 한 뒤 남는 시간에 원하는 방식으로 '나의 꿈'에 대한 글짓기를 해보라고 과제를 내주었다. 30분 남짓의 짧은 시간인데도 아이들의 상상력은 남달랐다. 어른이 되어 갖고 싶은 물건들을 그림으로 그린 아이, 커다란 나무에 원하는 꿈을 말풍선으로 매달아 놓은 아이도 있었고, 동시로 자신의 꿈을 표현한 아이도 있었다. '아, 아이들이 독서와 글쓰기를 마음껏 자유롭게 할 수 있도록 한다면 더욱 다양하고 생산적인 창조물을 만들겠구나'라는 생각이 강하게 들었다.

우리도 다양하게 서평을 쓸 수 있다. 읽는 사람은 물론 쓰는 나조차도 팍팍하고 지루한 서평 대신 유쾌하고 창의적인 놀잇감을 만들면 어떨까? 이전에 해보지 않았던 새로운 시도를 해보는 것이다. 책을 읽고 든 생각을 글로 적는 대신 떠오른 이미지를 한 폭의 그림으로 그려도 좋고 저자나 나 자신에게 보내는 편지로 대신해도 좋다. 책의 중심 내용을 함축적인 시로 재창조하거나 저자와 나의 의견을 대화체로 풀어내본다. 책과 연관된 영화, 다큐멘터리를 찾아서 보고 통으로 정리해보는 방법도 있다.

어떤 기준이나 형식에 얽매일 필요는 없다. 다양한 시도를 하는 동안 새로운 재미가 불쑥 삶에 끼어드는 법이다. 매번 비슷한 서평만 작성해왔다면 한 번쯤 일탈을 해보자. 머리를 탈색하고 문신을 하는 일탈만 일탈이 아니다. 기존의 것을 벗어나 자유로운 흐름 속에 나를 풀어놓는 모든 것이 일탈이다. 그것이 때로는 나를 치유하고 성장시킨다.

PART 3

책읽기가
습관이 되려면
어떻게
해야 할까?

무조건
재미있어야 한다

익숙하지 않은 일이 습관이 되는 과정을 살펴보면 대개 두 가지 상황이 존재한다.

첫 번째는 절대적인 필요에 의해 강제로 습관을 들이게 된 경우다. 예를 들어 매일 담배를 한 갑씩 태우던 사람이 어느 날 의사에게 이런 말을 듣는다고 하자.

"당장 금연하지 않으면 목숨이 위태롭습니다."

생존에 적색 불이 들어온 이상 별 수 없다. 그는 30년간 피우던 담배를 하루아침에 끊어버린다.

운동도 마찬가지다. 내 주변의 많은 사람들이 본격적으로 운동을 시작하게 된 계기는 놀랍게도 '건강 이상' 때문이었다. 과체중으로 고지혈증과 고혈압 위험군에 포함되었거나 관절, 허리디스크 등 운동 부족으로 생긴 크고 작은 질환을 치료하려고 뒤늦게 운동에 뛰어들었다. 어떤 지인은 결혼 날짜를 받아놓고 급히 다이어트를 하느라 운동을 시작한 경우도 있다. 이유가 무엇이건 모두 '절대적 필요'라는 공통점이 있다.

이런 경우는 모두 스스로 위기의식을 느낄 정도로 큰 변화가 필요한 상황인데 살면서 이런 일을 겪는 게 그리 좋은 일은 아니지 않은가? 발등에 불이 떨어지고 나서야 우물을 찾는 건 의미가 없다. 미리 준비하고 계획하는 자세가 중요하다.

습관이 형성되는 두 번째 경우는 바로 '뜻밖에 재미를 발견했을 때'다. 웹툰에는 전혀 관심이 없던 30대 중반의 직장인 A씨. 어느 날 잠이 오지 않아 무료 연재 웹툰을 몇 편 보다가 사람들이 왜 그렇게 웹툰에 빠지는지 알게 됐다. 이런 경우 시간이 없으면 시간을 쪼개서 보고 아무리 피곤해도 스스로 찾아서 그 일을 한다. 심지어 잠을 줄이거나 술 마시는 시간을 줄여서라도 그걸 해야 직성이 풀린다.

또 다른 예로 글쓰기와 무관한 삶을 살아온 워킹맘 B씨가 있다고 해보자. 어느 날 아이들을 재우고 블로그를 하나 개설해 육아에 대한 고충을 풀어냈는데 신기하게도 다음 날 이웃이 몇 명 생기고 댓글도 달린다. 그렇게 글쓰기에 재미를 붙여 매일 글을 쓰면서 자연스럽게 글쓰기 습관을 갖게 되었다.

독서도 마찬가지다. 두 번째 경우를 일상에 녹여내면 힘들이지 않고 누구나 독서습관을 들일 수 있다. 좋은 예로 여든이 가까운 나의 할머니를 들 수 있다.

할머니는 70대 중반을 넘기신 나이에 두 가지 새로운 습관이자 취미를 만드셨다. 하나는 퍼즐 맞추기이고 다른 하나는 독서다. 퍼즐은 치매 예방에 좋으니 한번 해보시라고 내가 사드렸는데 시간 가는 줄 모르고 이리저리 맞춰보시며 완성하는 재미에 푹 빠지셨다. 그리고 독서는 어느 날 혼자 적적한 시간을 견디고자 우연히 책을 집어든 것이 독서에 흠뻑 빠진 계기가 되었다고 한다.

"요즘 내가 책에 미쳐버렸당게."

구수한 전라도 사투리를 남발하시며 시간 나면 함께 서점에 가자고 조르신다.

그렇다. '재미'다. 그 중심에는 바로 '재미'가 있다. 재미가 있으면 일흔을 훌쩍 넘긴 나이에도 새로운 습관을 만들 수 있다. 아주 쉽고 간단하게 말이다. 할머니는 또 이렇게 덧붙이신다.

"지금까지 책도 안 읽고 어떻게 살았나 몰라."

쉬운 책부터 시작해야 하는 이유

독서에 관한 많은 오해 중 한 가지는 바로 '내 수준보다 어려운 책을 읽어야 한다'는 것이다. 이런 근거 없는 기준은 어디에서 시작되었는지 모르겠다. 하지만 생각보다 많은 사람들이 이런 편견을 갖고 있다. 초등학교나 중·고등학교에 독서법에 관한 강연을 하러 가면 아이들이 (물론 어른들에게 들었겠지만) 이런 질문을 한다.

"어려운 책은 펼치기만 해도 졸려요. 이럴 때는 어떻게 해야 해요?"

재미도 없고 이해하기 어려운 책을 왜 읽느냐고 물으면 아이는 이렇게 대답한다.

"엄마가 책은 수준 높은 걸로 읽어야 한대요."

현재 내 수준보다 높은 책을 읽는 게 도움이 되는 독서라는 편견이 우리를 책과 멀어지게 한다.

아직 독서습관이 형성되지 않았다면 일단 책은 쉽고 재미있는 것으로 골라야 한다. 특히 책을 싫어하는 아이일수록 더 그렇다. 책이란 아이들이 좋아하는 모바일 게임처럼 흥미진진한 취미가 될 수 있음을 알려줘야 한다. 아이에게 처음부터 높은 레벨의 게임만 하라고 하면 어떻게 될까? 게임에 대한 흥미는 사라질 것이다. 낮은 단계부터 스스로 익히며 레벨을 높이는 재미, 아이는 그걸 알기에 게임에 빠져든다.

책도 그렇다. 어른, 아이 할 것 없이 일단 스스로 책에서 재미를 발견해야 한다. 재미는 딱 한 번이어도 충분하다. 어느 날 책을 읽다가 '와, 시간 가는 줄도 모르고 책에 빠져들었네'라는 느낌, 혹은 '다음 책이 너무 기다려진다. 얼른 서점으로 달려가서 다음 편을 사고 싶다'라는 느낌을 받았다면 책과의 평생 로맨스가 시작되었다고 봐도 무방하다.

늘 찜찜하게 마음에 품고 살던 인생의 의문 하나가 책을 읽으며 한 방에 해결된 느낌, 저자의 이야기나 소설 속 주인공에 매료되어 가슴이 뭉클해지거나 눈물을 뚝뚝 흘려본 경험이 책과 당신을 끈끈하게 연결한다. 이런 경험은 누군가의 강요에 의해서, 무조건 수준 높고 교양 있는 책을 집어 든다고 생기는 게 아니다. 오히려 현재 내 수준보다 조금 낮아서 힘들이지 않고 술술 읽을 수 있는 책을 통해 경험할 수 있다.

독서습관을 들이고 싶다면 일단 재미있는 책부터 고르자. 누군가 '배꼽 빠지게 웃은 인생 책'이라고 추천해준 소설이나 에세이도 좋고 혼자 서점에서 한 장 한 장 종이냄새를 맡으며 고른 책이면 더 값지다. 목차도 천천히 훑어보고 본문도 넘겨보며 나와의 궁합을 살핀다. 그러면서 책을 고르는 안목도 기를 수 있다.

어차피 한 해 두 해 보고 그만둘 게 아니라면 책을 고르는 과정 자체를 즐기자. 퇴근 후 서점에 들러 빼곡한 책장 사이를 서성이며

책을 고르는 시간이, 여유롭고 그 잔잔한 행위가 소란한 마음의 파
도를 다스리는 강한 힘이 되기도 한다.

일주일에 딱 한 번,
15분만 책을 읽어라

세계적인 습관전문가 찰스 두히그Charles Duhigg에 따르면 우리의 인생
은 습관으로 결정된다. 어떤 습관을 갖고 살아가느냐가 그 사람의
모든 것을 이끄는 것이다. 정말 맞는 말이다. 돌아보면 인생이 가
장 암울했던 20대 초반, 나는 '자책하고 원망하는 습관'을 갖고 있
었다. 사소한 실수에도 호되게 스스로를 나무라며 부정적인 말들
로 나를 가득 채웠다.

'내가 그러면 그렇지.'
'결국 안 될 건데 뭐 하러 그래.'

'보나 마나 또 어리바리 실수하겠지.'

이런 습관을 가진 사람이 잘될 리가 없다. 나는 잘해보려 노력하는데도 자꾸 넘어졌고 긍정적인 태도를 유지하려 해도 부정적인 늪에 빠진 다리 한쪽이 절대 나오지 않았다. 그 이유가 다름 아닌 '습관' 때문이라는 것을 나중에야 이해했다. 어떤 특정 행위만이 습관은 아니다. 자주 하는 생각과 언어도 모두 습관이고 삶을 형성하는 배경이 된다.

이후 습관에 관한 책을 많이 읽고 내가 가진 안 좋은 습관들을 파헤치며 개선하려 노력했다. 물론 극적인 전환이 이루어지지는 않았다. 습관이란 놈은 한번 삶에 엉겨 붙으면 가을날 풀밭의 진드기보다 더 사납고 힘이 세다. 좀체 떨어지지 않으려 한다. 요즘은 살인 진드기라는 무시무시한 놈도 등장해서 사람들의 목숨을 빼앗기도 한다. 좀 과한 비유이기는 하지만 나쁜 습관 하나가 살인 진드기와 맞먹을 정도로 삶을 좀먹을 수 있다. 가랑비에 옷이 젖듯 나를 '최악의 인생 견본'으로 몰고 간다. 하지만 괜찮다. 아직까지는 괜찮다, 늦지 않았다. 단번에 습관을 바꾸려 하기보다 나쁜 습관을 인지하고 천천히 개선하면 된다. 그렇게 하는 것이 정신건강에도 훨씬 이롭다.

아주 작은 습관부터 시작하라

독서습관은 어떻게 들일 수 있을까? 일 년 내내 책 한 권 안 읽던 사람이 하루아침에 달라질 수는 없다. 그러니 처음에는 절대 무리해선 안 된다. 하루에 15분 정도 천천히, 가볍게, 편안한 마음으로 책을 읽는다. 매일 할 필요도 없다. 처음에는 일주일에 한 번만 15분 독서를 한다, 그게 적응되면 다시 일주일에 두 차례로 횟수를 늘린다. 일주일에 두 번씩, 15분 독서가 일상에 완전히 자리를 잡았다면 다시 세 차례로 늘린다. 이렇듯 아주 서서히 독서습관을 만들어가는 것이다.

《아주 작은 습관의 힘》에서 저자는 말했다.

어떤 중요한 순간은 과대평가되는 반면, 매일의 사소한 진전들은 과소평가되기 쉽다. 흔히 우리는 대단한 행위가 있어야만 성공할 수 있다고 확신한다. 살을 빼고, 회사를 설립하고, 책을 쓰고, 챔피언십을 따내는 등 어떤 목표들을 이루려면 어마어마한 개선이 있어야 한다고 생각하면서 자신을 압박한다. (중략)

습관은 복리로 작용한다. 돈이 복리로 불어나듯이 습관도 반복되면서 그 결과가 곱절로 불어난다. 어느 날 어느 순간에는 아주 작은 차이여도, 몇 달 몇 년이 지나면 그 영향력은 어마어마해질 수 있다. 2년, 5년, 10년 후를 생각해보라. 좋은 습관의 힘과 나쁜 습관의 대가는 현저히 차이를 드러낼 것이다.

_제임스 클리어, 《아주 작은 습관의 힘》, 비즈니스북스(2019), p.34

나도 처음부터 글쓰기 습관이 있었던 건 결코 아니다. 처음엔 한 달에 한 번 글을 쓰던 것이 어느 순간 일주일에 한 번, 일주일에 두 번으로 늘었고 나중엔 매일 하루에 다섯 줄이라도 글을 쓰는 습관이 생겼다.

처음 독서노트라는 것을 만들고 '책읽기로 삶을 변화시켜야겠다'고 결심했던 열여덟 살 무렵을 돌아보면 책 한 권을 읽는 데 굉장히 시간이 오래 걸렸다. 200페이지 남짓의 에세이도 읽는 데 한참이 걸렸다. 한국어이지만 의미가 생소한 단어들도 꽤 많았다. 나는 단어장을 따로 만들어 책을 읽다 만나는 순우리말 단어나 어려운 한자를 따로 적어두었다. 그렇게 3년, 5년, 10년이 훌쩍 지났다. 모두 알다시피 시간은 생각보다 빨리 흐른다.

10년간 매일 읽고 쓰기를 습관화하자 로또 1등 당첨과는 비교도 할 수 없는 엄청난 변화와 기적을 경험했다. 외적인 변화는 차치하고라도 내면의 변화가 더 드라마틱했다. 자주 우울하고 이유 없이 화가 나는 등 나조차도 종잡을 수 없는 부정적인 감정에 힘들었지만 어느 순간 감정을 인지하고 다스릴 수 있었다. 읽을 때는 몰랐던 책 속 수많은 구절들이 내 안에 쌓이고 쌓여 진짜 위기의 순간에 빛을 발했다. 하루 이틀 읽어서는 절대 몰랐을 것이다. 최소 3년 이상 종교생활을 하듯 간절히 독서에 매달리다보니 인생 궤도가 달라졌다.

앞서 말한 제임스 클리어라는 작가는 습관이 가져오는 변화를 비행기의 경로 조정에 비유했다. 예를 들어 로스앤젤레스에서 뉴욕으로 비행한다고 했을 때 조종사가 남쪽으로 단 3.5도만 경로를 조정해도 그 비행기는 뉴욕이 아니라 워싱턴 D.C.에 착륙하게 된다. 비행기 앞머리가 단 몇 미터 움직이는 정도의 작은 변화로 미국 전체를 가로질러 결국 전혀 다른 목적지에 도착하는 것이다. 그것도 수백 킬로미터나 떨어진 거리에 말이다.

하루, 한 달, 두 달, 그렇게 1년, 3년, 10년이 지나면 아주 사소한 습관 하나가 그것을 하지 않았을 때와는 비교도 할 수 없는 삶으로 당신을 이끈다. 계산도 안 되는 엄청난 거리에 당신을 떨어뜨려 놓을 것이다. 그 모든 것의 시작은 거창하고 대단한 일이 아니다. 매일 조금씩 저축하는 좋은 습관, 독서습관이다.

남다른 경쟁력을 만드는
작은 차이, 틈새시간 공략법

'시간이 없다'는 핑계는 너무 지루하고 고루하다. 신생아를 돌보거나 회사에 갓 입사해 적응하고 있거나 해외로 출장을 갔거나 혹은 중요한 프로젝트 기간 등 몇몇 상황을 제외하고는 '시간이 절대적으로 부족하다'는 말을 나는 믿지 않는다. 너무 바빠서 책 읽을 시간도 없다면 어떻게 세계적인 기업의 CEO나 대학교수들, 작가나 음악가들은 하루에 두 시간씩 독서를 하는 걸까? 그들에겐 하루 26시간이 주어졌을까? 그러니 '시간이 없다'는 말은 '나는 시간 관리에 능숙하지 못하다'는 말이기도 하다. 결코 바쁘고 잘나가는 사람이라는 의미가 아니다.

그래도 정말 시간이 없다고 느낀다면 하루 10~15분씩 틈새시간을 만들어 책을 읽는 방법을 추천한다. 아무리 바쁜 사람도 하루에 15분은 낼 수 있다. 99%도 아니고 100% 그렇다. 일상 속 틈새시간을 파악하고 활용하겠다는 마음을 먹느냐 안 먹느냐의 문제다.

얼마 전 친구 집을 방문했을 때 틈새가구라는 것이 있다는 걸 처음 알았다. 주방 싱크대 수납장 사이에 틈새가구를 넣자 생각보다 많은 공간이 확보되는 것에 놀랐다. 어떤 집은 24평인데도 32평 같은 느낌이 든다. 요즘 아파트는 틈새공간을 최대한 활용해 설계하기에 '32평 같은 24평'도 충분히 가능하다고 한다.

그렇다면 우리 일상의 틈새는 어떨까? 얼마나 많을까? 나는 틈새시간을 제대로 공략하면 하고 싶은 또 다른 일들, 독서, 글쓰기, 명상, 운동 등 삶을 향상시키는 모든 활동이 가능하다고 본다.

시간해커를 위한 틈새시간 찾기

우리는 각기 다양한 환경에서 생활하고 있다. 따라서 '반드시 아침 15분을 활용하라', '잠들기 전이 최고의 전략적 시간이다'라는 뻔한 조언은 공허하다. 누군가는 새벽 5시에 눈을 뜨는 에너지 넘치는 16개월 아들을 돌봐야 하는 상황일 수도 있고, 누군가는 퇴근 후 잠들기 직전까지 쇼핑몰 운영으로 투잡을 뛰고 있을 수도 있다.

그런 사람들의 상황을 헤아리지 않고 '성공한 사람은 새벽에 일어난다'는 메시지는 오히려 독이 될 수 있다. 그렇게 생활하지 못하는 자신에 대한 자책과 실망이 더해져 마음만 무거워진다. 그러니 일단 자기계발서의 상투적 메시지는 잊자. 그보다는 나에게 알맞은 시간관리법을 찾는 게 중요하다.

틈새시간을 파악하기 위해 가장 먼저 할 일은 바로 나의 루틴을 들여다보는 것이다. 셰익스피어의 《헛소동》이라는 희곡에 이런 대사가 등장한다.

사람들은 매일 무언가를 하지만 무얼 하는지는 모른다.

뭔가를 하며 시간을 보내지만 정작 내가 뭘 하고 있는지 모르는 사람이 태반이다. 한 번쯤은 하루를 돌아보며 패턴을 분석해볼 필요가 있다. 아침에 일어나서 잠들기 직전까지 시간을 어떻게 쓰는지 아주 꼼꼼히 기록해보는 것이다.

분 단위로 하루를 기록해보면 생각보다 틈새시간이 많다는 걸알 수 있다. 나의 경우 시간을 확인해본 뒤 의아한 점이 몇 군데 있었다. 먼저 우리 가족은 아침식사를 간단한 메뉴로 대신하기에 준비시간이 오래 걸리지 않는데 정작 나는 20~30분을 거기에 쓰고 있었다. 생각해보니 아침식사를 준비하기 전에 10분가량 인터넷

나의 오전 시간 분석표

시간	하는 일
AM 06:45	기상, 물 한 컵 마시고 5분 정도 간단한 스트레칭
AM 06:55	아침식사 준비하고 가족들 깨우기
AM 07:30	다 함께 아침식사 후 각자 출근 준비
AM 08:20	남편 출근 후 아이 유치원 데려다주고 출근
AM 09:30	회사 도착, 업무 시작
AM 10:50	짧은 휴식, 휴게실에서 커피 한 잔

뉴스를 보면서 시간을 허비했다. 가족들이 눈 뜨기 전이라 온전히 혼자일 수 있는 소중한 시간을 온갖 사건사고가 가득한 어제 뉴스를 읽는 데 낭비하고 있었다. 그건 내 삶에서 빠져야 할 습관임에 분명했다. 아침부터 부정적인 에너지에 휩싸이게 된다는 점, 혼자만의 경건한 의식으로 대신할 수 있는 시간을 버리고 있다는 점에서다.

이를 파악한 뒤 나는 '아침식사 준비 전 10분'을 독서시간으로 바꿨다. 이때는 대부분 긍정적인 내용이 담긴 책을 읽는다. 하루를 여는 아주 중요한 '별 다섯 개' 시간이기 때문이다. 책을 읽다가 오늘 하루 붙들고 살고 싶은 구절은 따로 필사해 냉장고에 붙여둔다. 아침 10분을 바꿨을 뿐인데 하루가 달라졌다. 하루 중 따로 독서시간을 확보하지 않아도 이미 독서를 끝냈기에 마음의 짐도 없다.

　시간 분석표를 작성한 뒤 '의외의 발견'은 또 있었다. 하루 두세 차례 커피를 마시며 멍 때리는 시간이 꽤 길다는 것이었다. 집에서 마시는 경우는 그렇다 쳐도 일단 커피숍까지 가서 주차하고 기다리고 주문해서 커피를 받기까지 대략 15분 정도가 필요한데, 이게 일주일에 한두 번이면 그러려니 하겠다. 매일 하루에 두 번씩 이짓(?)을 반복하며 땅에 버리는 시간과 돈이 너무 아깝다는 생각이 들었다. 그게 한 달이 모이면 몇 시간이고 1년이면 며칠인가? 그렇다고 커피를 끊지는 못하겠기에 나는 커피숍에 갈 때 아예 책을 가지고 간다. 손님이 많을 때는 10분 넘게 기다리는 경우가 있는데 이 황금 같은 시간을 독서시간으로 만들기로 했다.

● **요일별 틈새시간 계획표**

틈새시간	월요일	화요일	수요일	목요일	금요일	토요일
AM 07:00 ~07:15	독서	독서	독서	명상 (기도)	명상 (기도)	독서
PM 02:30 ~02:45	전화 영어	필사	전화 영어	필사	전화 영어	필사

　이런 식으로 나만의 틈새시간을 파악하면 하루 최소 두 번 정도는 쓸모없이 허비하는 시간이 존재함을 알 수 있다. 이렇게 하루

30분의 시간이 주어진다면 한 번은 독서에, 나머지 한 번은 다른 일에 요긴하게 쓰면 된다. 아예 요일을 정해놓고 틈새시간에 할 일을 계획해도 좋겠다.

하루 15분 독서를 무시하지 마시라. 연구 결과에 따르면 하루 15분 독서를 하면 1년이면 12권의 책을 읽을 수 있고, 30분이면 무려 24권의 책을 읽을 수 있다. 없어도 그만인 시간으로 확실한 독서습관 만들기와 지적 내공 쌓기가 가능한 것이다.

아직도 '시간이 없다'라는 문장 안에 갇혀 있다면 이제는 스스로 벽을 깨뜨리고 나와야 한다. 없으면 만들면 된다. 일단은 내 안에 핑계쟁이와 게으름뱅이가 있음을 순순히 인정하고 설득하는 일부터 시작하자. 그리고 결단을 내려야 한다. 어제와 똑같이 살 것인지, 조금씩 성장하며 내 삶의 진짜 영웅이 될 것인지.

단기, 중기, 장기적 보상을
활용하라

독서는 어학 공부나 재테크처럼 눈에 보이는 성과를 위한 것이 아니다. 100권을 넘게 읽어도 아무것도 달라지지 않았다고 느끼기도 한다. 그래서 웬만한 의지력을 가진 성인이 뒤늦게 독서습관을 형성한다는 건 공부를 하지 않던 아이를 독학으로 내신 1등급으로 끌어올리는 일만큼 어렵다. 그렇다면 변화가 눈에 잘 보이지도 않고 내 직업과 인생에 직접적인 도움이 되지 않을 수도 있는 독서를 즐겁게 이어갈 수 있는 방법이 있을까?

있다. 간단하지만 효과 좋은 방법이. 학원 끝나고 게임 한 판 하려고 기다리는 열다섯 살 소년처럼 나에게 달콤한 보상을 약속하는 것이다. 단, 이 방법은 독서습관이 형성되기 전까지만 사용하기로 한다. 보상 시스템이 너무 당연해지면 '사탕'이 주어지지 않는 일들은 무의미하고 무가치한 것으로 여길 수도 있기 때문이다.

독서습관 형성 시스템

단기적 보상

단기적 보상은 일주일에 책 한 권을 다 읽었을 경우 나에게 작은 선물을 하는 것이다.

- 최소한의 목표 달성 시 보상한다.
- 일주일에 한 권 완독을 목표로 한다.
- 거창한 선물보다는 작지만 의미 있는 선물로 보상한다.
- 물질적 보상도 좋지만 '토요일 오후는 미드 몰아보기', '친구와 뮤지컬 관람하기' 등의 보상도 효과적이다.
- 중기적 보상을 받기까지 매주 단기적 보상을 해줄 필요는 없다. 횟수도 본인이 선택한다.

중기적 보상

중기적 보상은 짧게는 1개월, 길게는 3개월 정도 시간을 두고 진행한다. 본인이 정한 기간 동안 꾸준히 목표를 달성했고 스스로 만족할 만한 결과를 얻었다면 보상한다.

- 스스로 기간을 정한다.
- 3개월간 주말을 제외하고 하루에 15분 독서를 목표로 한다.
- 가족여행, 명품 지갑, 읽고 싶었던 책 20권 사기, 책장 주문하기 등 평소에 쉽게 살 수 없던 것들을 선물을 통해 갖게 되어 성취와 만족, 행복을 동시에 잡는다.
- 독서습관뿐 아니라 스스로 정한 모든 삶의 규칙에 이러한 보상체계를 적용할 수 있다.
- 자신에 대한 신뢰를 회복하면 성공이 따라온다.

장기적 보상

장기적 보상은 최종 목표와 관련된 것이다. 6개월 혹은 1년간 책을 열심히 읽고 독서를 습관화했다면 보상한다.

- 최종 목표를 정해야만 가능하다.
- 단 한 번이라도 이기겠다는 마음으로 목표를 향해 돌진한다.

- 단기, 중기적 보상이 이루어진 후라 보상이 주는 달콤함을 이 해하고 있다.
- 최종 목표에 따른 보상은 좀 더 근사한 것이어야 한다. 또 다른 습관 형성이나 목표와 이어지면 좋다. 예를 들면, '3일 명상 프 로그램에 참석하기'는 명상이라는 또 다른 목표로 이어진다. 최신 노트북 구입은 글쓰기라는 새로운 목표를 위한 도구로 활용할 수 있다.

어린 아이들에게나 먹힐 만한 유치한 방법이라고 생각할 수도 있다. 하지만 때론 가장 단순한 게 가장 강력하다. 매번 보상하기 가 어렵다면 좀 더 간단한 방법도 있다. 그건 바로 목표를 이루었 을 때의 내 모습을 머릿속으로 아주 생생하고 구체적으로 상상하 는 것이다. 원하는 분야의 책 100권을 읽고 블로그에 서평을 기록 한 뒤의 내 모습, 동네 친구들과 독서모임을 만들어 리더가 되고 매일 책을 읽다가 어느 날 글을 쓰고, 결국 초등학교 때부터 꿈이 었던 동화작가가 된 내 모습, 첫 책이 서점에 진열된 모습을 보고 기뻐하는 아이와 남편의 모습 등 최종 목표를 상상하면 강한 내적 동기가 일어난다.

우리는 어쩌면 스스로의 믿음대로 삶을 그리고 그 길을 따라 살 아간다. 그러니 기왕이면 '할 수 있다'고 믿으며 살자. 모든 것은 태도의 문제다. 독서습관을 잘 만들 수 있다고 믿는다면 그렇게 될 것이다. 중간에 슬럼프가 찾아오고 크고 작은 개인적 불행이 들이닥쳐도 해낼 수 있다. 하지만 시작도 하기 전에 '나처럼 정신없고 바쁜 사람이 무슨'이라는 마음을 가진다면 역시 그렇게 될 것이다. 그런 사람이 '새로운 습관(독서습관)'을 성공시킬 확률은 극히 낮다. 내가 무엇을 믿고 선택할지, 변화시킬지 결국 모든 건 나의 선택이다.

중요한 독서와
급한 독서로 나눠라

오랫동안 내 독서는 '남독'이었다. 닥치는 대로 읽어왔다는 뜻이다. 손에 잡히는 대로 그날의 느낌에 따라 책을 읽었다. 어떤 날은 말랑한 감성을 자극하는 에세이나 시집을 손에 들었고 어떤 날은 파울로 코엘료나 무라카미 하루키村上春樹의 소설을 읽었다. 다니엘 핑크Daniel Pink의 시간 관리법이나 로버트 기요사키Robert Toru Kiyosaki의 투자 철학을 읽기도 했다. 그야말로 주인장 마음대로였다!

남독이 나쁜 것만은 아니다. 독서습관을 형성하기에 남독만 한 것도 없다. 처음부터 주제별, 단계별, 전략적 독서가 가능하다면 너무나 좋겠지만 책 한 페이지만 넘겨도 눈꺼풀이 내려앉는 사람에게는 읽고 싶은 책을 원하는 시간에 읽어서 '독서＝지루함', '독서 ＝어려움', '독서＝나랑 상관없는 일'이라는 공식부터 깨뜨리는 게 낫다.

독서에 대한 두려움을 깨뜨렸다면 두 가지로 구분하여 책을 읽 자. 바로 '중요한 독서'와 '급한 독서'로 나누는 방법이다.

시간 관리의 달인들은 삶의 영역을 네 가지로 구분하라고 이야 기한다.

● **시간관리 매트릭스**

중요하고도 급한 일	급하지만 중요하지는 않은 일
중요하지만 급하지는 않은 일	중요하지도 급하지도 않은 일

우리는 이미 잘 알고 있다. 삶을 향상시키기 위해 당장 무엇을 계획하고 실천해야 하는지 말이다. 바로 첫 번째 칸에 적힌 것들이 다. 중요하면서도 급한 일 혹은 급하면서도 중요한 일. 우리 머릿 속에 가득 찬 'To do List' 가운데 우선순위를 정해보자.

① 중요하고도 급한 일 목록을 만든다.
② 중요하지만 급하지는 않은 일을 처리한다.

③ 급하지만 중요하지는 않은 일을 처리한다.

④ 삶의 제거목록으로 중요하지도 급하지도 않은 일에 시간을 얼마나 쓰고 있는지 확인한다.

성공은 하고 싶은 일의 우선순위 속에서 이루어진다. 탁월한 삶은 닥치는 대로 하고 싶은 일을 모두 시도해보는 과정이 아니라 내 삶에 급하고 중요한 것들을 선별한 뒤 집중하는 과정에서 이루어진다. 그것이 결국 소명이 되고 삶 전체를 이끈다.

중요한 독서

중요한 독서는 장기적 비전과 관련된 독서를 말한다. 예를 들어, 현재 하고 있는 일은 제약회사 영업이지만 꿈은 한국의 팀 페리스가 되어 멋진 자기계발서를 출간하는 일이라고 하자. 그에게 글쓰기에 관한 책이나 퍼스널브랜딩 책은 당장 필요가 없어 보일 수도 있다. 하지만 장기적 비전을 위해서는 꼭 필요한 일이다.

중요한 독서는 '5년 후를 위한 재테크'라고 할 수 있다. 재테크의 핵심은 빠를수록 유리하다는 것이다. 스무 살에 적금을 드는 것과 마흔다섯 살에 적금을 드는 것의 결과는 확연히 다르니 말이다. 복리이자를 굴리듯 장기적 관점에서 여유롭게 진행해야 한다. 5년짜리 적금에 가입했다면 누구든 5년은 매달 일정 금액이 자동이체된다는 걸 알고 있다. 수시로 금리를 체크하고 내 돈이 잘 있는지 확인하는 사람은 없다. 중요한 독서는 5년 장기적금처럼 묵혀두자. 지금 당장 이걸 한다고 내게 도움이 되는지 계산기 두드리지 말자. 이것이 꿈을 위한 일임을 믿고 묵묵히 해야 한다.

급한 독서

급한 독서는 당장 필요한 독서를 말한다. 이제 막 회사 경영팀에 취업한 사회초년생이라고 하자. 인턴도 수료했고 학생회 임원 경험도 있어 조직 생활을 누구보다 잘해낼 줄 알았으나 웬걸? 회사 생활은 많은 인내와 배움이 필요했다. 그에게 지금 필요한 독서는 말하기에 관한 책일 수도 있고 상사나 동료들과 잘 지내는 법을 알려주는 책일 수도 있다. 어쩌면 기획서나 보고서를 잘 쓰는 방법에 관한 책이 필요할지도 모르겠다. 당장의 문제를 해결하는 데 도움이 되는 독서, 그게 바로 급한 독서다.

한국 최초의 여성 대법관을 지낸 김영란 판사는 '써먹지 않는 독서의 쓸모'에 대한 강연에서 이렇게 말했다.

"쓸모없는 책읽기는 삶을 풍요롭게 해준 유일한 사치였습니다."

그녀가 말하는 '쓸모없는'의 의미는 지금 당장 써먹지는 않지만 중요한 독서의 영역에 해당할 것이다.

중요한 독서도 급한 독서도 우리에게 반드시 필요하다. 중요한 독서가 빠진 채 급한 독서에만 열을 올리면 고장 난 네비게이션처럼 최종 목적지에 대한 혼선이 생긴다. 반대로 급한 독서로 해결해야 하는 문제가 분명히 보이는데 중요한 독서에만 몰입하면 독서 효과에 대한 의심과 회의가 찾아온다. 두 가지를 적절히 섞어 현명하고 효과적인 독서를 하자.

의지력이 약하다면
독서모임을 시작하라

"저는 의지력 제로에 끈기도 바닥입니다. 이런 저도 꾸준히 책을 읽을 수 있을까요?"

내 블로그에 심심찮게 올라오는 댓글이다. 지금도 기억에 남는 어떤 분은 살면서 3개월 이상 뭔가를 꾸준히 해본 적이 없다고 했다. 나는 거기에 이런 답글을 남겼다.

"3개월이면 평균 이상이신 것 같은데요? 3일도 안 해보고 포기하는 분도 엄청 많아요."

스스로 의지력이 없다고 느낀다면 '함께'의 힘을 빌려보자. 세상에는 두 부류의 사람이 있다. 혼자서는 절대로 북 치고 장구 치지 못하는 사람, 혼자 있어야 남 눈치 안 보고 더 잘하는 사람. 본인이 전자라고 느껴진다면 좋다, 괜찮다. 그런 사람들을 위한 독서모임이 널려 있으니까.

친한 지인들과 독서모임을 만드는 것도 좋은 방법이다. 오프라인 모임이 부담된다면 카톡으로 시작하는 소규모 온라인독서모임을 추천한다. 최대 10~15명 정도 인원을 모아(그 이상이면 집중이 안 되고 효과가 떨어진다) 카톡 단체 채팅그룹에 묶는다. 임의로 '카톡'이라고 썼지만 다른 SNS나 앱도 얼마든지 가능하다. 사용하기 편한 도구와 채널을 이용하면 된다.

모집 예정 인원이 충원되었다면 모임 이름도 근사하게 짓는다. 미래를 설계하는 작당모의, 5년 후를 위한 꿈테크 모임, 독서로 연봉 1억을 꿈꾸는 사람들, 공부하는 엄마들의 습관 독서방 등 어떤 모임도 가능하나.

누군가와 무언가를 함께하면 귀찮고 번거로울 수도 있다. 하지만 그보다 얻는 게 훨씬 더 많다. 같은 목표를 향해 가는 사람들과 남다른 우정이 생기기도 하고 새로운 커뮤니티 속에서 다른 일을 함께 모색하는 기회를 얻기도 한다. 무엇보다도 꾸준히 함께 책을 읽다보면 어느 순간 '어라?' 하는 날이 온다. '어라? 하루도 빠짐없이 퇴근 후에 책을 읽고 있잖아!', '어라? 같은 책을 모여서 함께 읽는 게 이렇게 재미있는 일이었어?' 나중에는 내가 읽은 부분을 다른 사람들은 어떻게 읽었고 어떻게 이해했을지 기대되고 궁금하다.

독서모임은 어떻게 운영할까?

일단 독서를 습관화하고 싶은 사람들을 모아 '단톡방'을 만든다. 인원은 10명 남짓이 가장 적합하다. 나도 여러 가지 목적으로 단체 카톡방을 운영해봤는데 인원이 많아지면 관리가 힘들고 그 안에서도 갈등이 생긴다. 항상 적극적인 누군가만 대화를 이끄는데 나중에는 그 자체가 불만인 사람들이 생겨서 결국 하나둘 탈퇴하고 분위기가 흐려져 커뮤니티가 붕괴되기도 한다. 그래서 10~15명 정도(그 이하도 좋다. 최소 4명 정도)의 인원에게 골고루 발언할 기회를 제공하는 것이 가장 좋다. 특정한 누군가의 이야기만 들으며 거기에 휩쓸리는 것이 아니라 균등하게 말할 기회를 주고 다 함께 경청할 기회 또한 제공하는 것이다.

일주일이나 2주일간 한 권의 책을 선정해 다 함께 읽는다. 역시 내 경험상 '다음 주 토요일까지 ○○○○을 읽고 리뷰 발표하기'라는 미션을 주면 10명 중 3~4명은 미션을 완료하지 못한다. 따라서 최종 목표만 나누고 점검하기보다 중간 중간 의견을 나누며 진행 상황을 공유하는 것이 좋다.

이렇게 한 권의 책을 서너 차례 나눠 읽으면 ① 여러 사람과 함께한다는 책임감에 미션 완수율이 높아지고, ② 같은 책을 읽고 다양한 의견을 나누면서 열린 시야를 갖게 되고, ③ 함께하는 멤버들과 유대관계가 돈독해지고, ④ 책읽기에 재미가 붙고 변화되는 내 모습이 눈에 보이며, ⑤ 무엇보다 한 권의 책을 정독하기 때문에 그 안에서 많은 것을 덤으로 얻게 된다(생각, 아이디어 및 영감).

혼자하는 데 어려움을 느꼈다면, 3년째 제자리걸음인 독서라면 '함께'의 힘을 적극 활용해보자. 책읽기도 놀이처럼 흥미진진해질 수 있다는 사실에 놀라게 될 것이다.

● **독서모임(예시)**

샤를 페펭의 《자신감》 독서모임
- 이번 주 목표: 11월 첫째 주까지 47페이지까지 읽기
- 이번 주 미션 및 토론 주제:
1. 스스로 판단하는 나의 자신감 지수는?
2. 자신감과 자존감을 향상시키는 방법 공유하기
3. 저자가 말하는 자신감은 어디에서 오는가?
4. 해당 페이지까지 읽고 각자 느낀 점, 생각한 부분, 가장 와닿았던 구절 공유하기
5. 내 삶에 적용할 한 줄 캐내기

상식 뒤집기는
독서에도 통한다

대부분의 사람들은 주로 다음과 같은 순서로 책을 읽는다.

읽고 ➡ 질문하고 ➡ 답한다

그런데 순서를 바꾸면 전혀 새로운 독서 세계가 열리기도 한다.

질문이 생긴다 ➡ 관련 책을 찾아 읽는다 ➡ 이에 관한 답을 작
성한다

혹은 이런 순서도 있다.

특정 질문에 대한 나만의 답(또는 정의)을 내린다 ➡ 해당 주제의
책을 찾아 읽고 ➡ 저자가 내린 정의와 내 것을 비교해본다

가끔 순서를 뒤집는 독서가 좋은 이유는 다음과 같다.

① 평소 궁금했던 문제에 대한 해답을 자발적으로 찾아나서는
   과정을 통해 나만의 문제해결 능력을 갖게 된다.
② 자발적 독서를 통해 책읽는 재미를 알게 되고 일단 재미를 발
   견한 이상 좋은 습관으로 이어질 가능성이 높다.

그런데 '뒤집기 독서법'이 가능하려면 몇 가지 전제조건이 있다.
일단 평소 당연한 것을 당연하지 않게 생각하고 호기심을 갖는 태
도가 필요하다. 이런 독서를 즐기는 이들은 시선을 바꾸고 정보를
뒤집어보고 무엇보다 자신만의 생각에 빠져 사색하는 것을 좋아한
다. 질문이란 어느 날 갑자기 하늘에서 뚝 떨어지는 게 아니다. 그
보다는 평소에 세상을 15도 정도 기울여서 바라보는 게 중요하다.

'이게 최선일까?'

'다른 방법, 방식도 있을까?'

'안 되는 걸 되게 하는 사람들은 뭐가 다를까?'

평소에 세상을 관찰하고 문제를 발견하고 개선하는 것에 익숙해야 한다.

플러스가 어렵다면 마이너스부터 적용한다

한때 '습관'이라는 주제에 완전히 꽂힌 적이 있다. 습관을 빨리 들이는 법, 창조적 습관을 형성하는 법, 나쁜 습관을 제거하는 법, 건강에 도움이 되는 습관 등 언제나 자기계발 베스트셀러 상위 목록을 차지하는 '습관'에 관한 책을 대식가처럼 먹어치웠다. 그러다 그들의 주상에서 몇 가지 공통점을 찾을 수 있었다. 그중 흥미로웠던 발상의 전환은 바로 '빼기'였다.

많은 전문가들이 말한다. 좋은 습관을 '더하기'가 어렵다면 일단 나쁜 습관부터 '빼기'를 시도해보라고. 예를 들어 의사로부터 건강이 나빠졌다는(콜레스테롤이나 고지혈증 수치가 높아졌다는) 이야기를 들었다면 자연스럽게 자신의 생활습관을 돌아볼 것이다.

'그래, 평소에 커피와 콜라를 너무 많이 마셨어.'

'무조건 5킬로그램 감량해야겠어.'

우선 건강에 도움이 될 습관을 어떻게 형성할 것인지를 고민한다. 커피나 콜라 대신 매일 아침 요거트나 야채주스를 마신다거나 퇴근 후 달리기동호회에 가입하여 일주일에 세 차례 달린다는 기막힌 결심을 (잠깐) 할 수도 있다. 하지만 일상에 새로운 뭔가를 끌어들여 자연스럽게 습관으로 굳히는 건 엄청난 의지를 필요로 한다. 새해 목표를 달성한 사람이 겨우 10%라는 수치만 봐도 알 수 있다.

이럴 때는 무리하게 뭔가를 더하기보다 일단 사소하고 간단하게 제거할 수 있는 것부터 생각해본다. 당장 금연을 실천하기는 힘들지만 아침에 눈 뜨자마자 피우는 담배는 '빼기'할 수 있다, 매일 뛰거나 요가는 못해도 저녁밥을 먹자마자 눕지 않겠다는 결심은 할 수 있다. 이렇게 나쁜 습관들을 빼기만 해도 사실 플러스한 것과 비슷한 효과를 낸다. 나쁜 습관 하나만 제거해도 인생이 크게 달라진다. 어쩌면 좋은 습관 하나를 더한 것보다 더 드라마틱한 효과를 내기도 한다.

독서에도 위와 같은 '빼기'를 적용할 수 있다. 많은 사람들이 독서를 못하는 이유는 일단 '시간이 없다'는 것이다. 내가 지금까지 100회 이상 강연을 다니며 전국에서 수많은 사람들을 만나본 결과, 독서습관을 형성하는 데 가장 큰 어려움으로 꼽는 것이 '다른 할 일이 너무 많다'였다. 직장인은 일이 많아서, 중·고등학생은 학업이 우선이여서, 대학생은 취업 준비로, 주부들은 육아 문제로, 사실상 남녀노소 독서가 어렵지 않은 사람이 없었다.

물론 독서는 당장 눈앞에 보이는 결과를 가져다주지 않는다. 그래서 나는 독서를 '5년 후를 위한 재테크'라고 생각하는데, 당장 처리해야 할 일이 산더미 같은 상황에서 불확실한 5년 후를 위한 투자를 하기는 쉽지 않다. 미래를 내다볼 안목을 가진 투자가가 아닌 이상 매일 실천하고 유지하기도 어렵다.

하지만 곰곰이 생각해보자. 조금 더 솔직해지자. 정말 시간이 없을까? 10분의 여유도 없을까? 그건 엄밀히 말해 독서를 위한 시간을 낼 수 없다는 이야기다. 독서가 삶의 우선순위에서 23위쯤을 차지하기 때문이다. 상위 5위까지를 위한 시간은 잠을 줄여서라도 내겠지만 나머지에 할당할 여유는 없는 것이다.

그런데 이 상위 5위를 가만히 살펴보면 쓸데없는 모바일 쇼핑이나 TV를 보는 시간도 만만치 않다. 여기서 '빼기의 법칙'을 적용할 수 있다. 독서를 위한 시간을 따로 '더하려는' 시도를 그만두고 일단 일상에서 없어도 괜찮다고 여겨지는 시간 중 10분을 빼는 것이다. 그리고 그 10분을 독서를 위한 시간으로 재구성하면 된다. 이런 식으로 접근하면 '어떻게 시간을 낼까?'라는 고민에서 조금 자유로울 수 있다. 큰 변화 없이 좋은 습관 하나가 일상에 더해진다. 그리고 여러 번 강조했지만 독서는 '그냥 좋은 습관'이 아니다.

톨스토이의 말처럼 우리 삶을 궁극적으로 변화시키는 데는 두 가지 방법밖에 없다. 좋은 책을 읽거나 좋은 사람을 만나거나. 독서습관은 결국 우리 삶을 궁극적으로 변화시키는 방법 중 절반을 차지한다.

PART 4

하루 15분,
가장 확실한
기적을 만드는
책읽기

책과 함께 그리는
미래가 진짜인 이유

내 인생의 모든 여정에는 책이 함께한다. 미래 청사진을 그릴 때도 모든 배경에 책이 있다. 남편과 같은 책을 읽으며 독서토론을 하는 모습, 아이를 낳아 예쁜 동화책을 읽어주는 모습, 멋진 해변을 바라보며 휴가를 즐기는 상상 속에서도 책은 늘 함께다.

직업을 바꾸거나 직장을 옮기는 결단의 순간에도 책에서 힘을 얻었다. 우울하고 막막한 순간에도 서점을 오래 거닐며 그 순간 위로가 되어줄 책 속 한 구절을 찾아 헤맸다. 책을 매개로 사람들을 만나고, 책을 통해 더 나은 내 모습을 완성해가고, 책 속에서 아이디어를 얻으며 구체화하고, 책과 함께 목표를 세우고 걸어가는 나.

이런 생각을 하면 외롭거나 지루할 틈도, 누군가를 시기질투하거나 현실에 불평불만을 쏟을 이유도 사라진다. 평생을 읽어도 좋은 책은 앞으로도 계속 출간될 테고 책 속 현자들에게 배워야 할 삶의 지혜도 한가득이니 말이다. 생각만 해도 신나고 설렌다. 나에게 책은 그런 존재다.

그들은 왜 항상 책을 읽을까?

운도 실력이라는 말을 믿지만 아주 가끔은 인생 특별석에 무임승차한 것 같은 사람을 만날 때가 있다. "여행 다니며 틈틈이 썼어요." 하는 책이 10만 부 넘게 팔리며 단번에 베스트셀러 작가가 되거나 퇴사하고 '이게 될까?' 했던 사업이 대박 행진을 이어가며 연매출 20~30억을 훌쩍 넘기는 등 세상에는 정말 비현실적인 개력터라는 것이 존재한다. 그런데 재미있는 사실은 언뜻 '무임승차'처럼 보이는 그들의 삶에 현미경을 들이대면 거기엔 항상 책이 존재한다는 사실이다. 소위 '대박 운'을 타고난 것처럼 보이는 이들은 사실 안 보이는 곳에서 혼자 책을 읽어온 이들이다. 그것도 꾸준히, 게다가 필사적으로.

요즘은 SNS를 통해 지구 반대편 아랍 왕족의 일상도 엿볼 수 있다. 나는 일부러 성공한 CEO나 방송인, 전문가 들을 팔로워하고 그들의 하루를 들여다본다. 놀랍게도 그들은 짜 맞춘 듯이 모두 독서광이다. 이동 중에 책을 읽고 아기를 재워놓고 서평을 작성한다. 휴가 때도 좋은 책을 잔뜩 짊어지고 떠나는 등 그들의 배경에는 늘 책이 있다. 이것은 무엇을 의미할까? 자신의 미래를 책과 함께한다는 뜻이다. 과거에 책과 함께한 결과가 그들의 현재이듯이 현재를 책과 함께한다면 자신이 꿈꾸는 미래를 실현할 수 있다는 것을 누구보다 잘 알고 있다.

우리가 만나는 사람들은 한정되어 있다. 비슷한 부류의 비슷한 일을 하는 사람들을 주로 만난다. 오늘 저녁 약속을 끝내고 미국 세도나에서 명상센터를 이끄는 지도자의 가르침을 구할 수는 없다. 하지만 책과 함께라면? 이런 비현실적인 일이 가능하다. 이토록 비현실적인 일을 통해 나만의 진짜 현실을 제대로 구축해갈 수 있다.

예를 들어 퇴사를 준비 중인 사람이 있다고 하자. 그가 조언을 구할 수 있는 사람이라고 해야 기껏 먼저 퇴사한 전직 동료, 비교적 성공적으로 퇴사한 후 이직한 고향 후배, 퇴사동호회에서 만난 지인 정도일 것이다. 하지만 책을 통해서라면 성공적 퇴사 후 세계여행을 마치고 자신만의 콘텐츠 회사를 창업한 사람, 10년간 퇴사를 준비한 후 향후 10년은 돈 걱정 없이 하고 싶은 일을 마음껏 할 수 있는 현실의 발판을 마련한 사람, 퇴사해보니 바깥은 진짜 전쟁

터임을 깨닫고 퇴사하지 말아야 할 이유를 조목조목 일러주는 사람 등 굉장히 다양하다.

이렇듯 책은 여러 상황에서 다양한 가능성의 장을 펼쳐 보인다. '이렇게도 살 수 있을까?' 고민할 때 서점에 가면 신기하게도 '먼저 그렇게 살고 있는' 누군가의 이야기를 발견하게 된다.

늘 똑같은 사무실에서 똑같은 업무를 하고 똑같은 사람들만 만난다면 우리는 똑같은 세계관에 갇힐 것이다. 별일 아닌 것 같지만 사실 엄청 무시무시한 저주다. 눈에 보이는 현실만이 진실이라 믿고 내면세계, 더 나은 가능성, 다른 세상과 사람들에 관심을 꺼버린다면 _그_세 과연 가치 있고 의미 있는 삶일까? 그렇게 5년쯤 살면 어느 날 문득, 요즘 유행어로 '현타'라는 게 찾아온다. '나는 누구? 여긴 어디?' 머리가 핑 돌면서 '이게 정말 내가 원했던 삶인가?' 괴로워하지만 이렇게도 살 수 없고 저렇게도 살지 못하는 진퇴양난에 빠지는 것이다.

왜 그럴까? 다른 삶을 엿보지 못했기에 다른 삶이 가능하다는 자체를 의심하기 때문이다. 잠깐 숨 고르며 인생에 브레이크를 걸어도 되는데 그러면 이번 생은 망했다고 생각한다. 인생 전체를 바라보며 생각의 틀을 넓히고 지금과는 다른 삶을 살아볼 가능성은 고민해본 적이 없는 것이다.

안타깝게도 그건 하루아침에 되지 않는다. 며칠 고민하다가 '딴 생각하지 말자' 하고 자신을 억누르며 죽기보다 하기 싫은 그 일과 삶으로 돌아온다. 많은 이들의 모습이 이와 비슷할 것이다. 하지만 평소 다양한 책을 읽으며 내 일과 삶, 자신에 대해 짚어봤다면 어떨까?

'너 죽기 전에 정말 후회 안 하겠어?'
'먹고사니즘을 떠나 정말 하고 싶은 일이 뭐야?'
'네 삶의 최우선 가치 다섯 가지는 뭘까?'
'나는 누구이고 어떤 사람이지? 나도 꿈이란 게 있을까?'

이런 질문들을 던지는 훈련은 '그냥' 이루어지지 않는다. '책이 제시하거나', '스스로 그런 질문을 던질 수밖에 없을 정도로 막다른 변화의 순간에 몰렸거나'다. 이왕이면 선택을 강요당해서, 시간에 쫓겨 대답하기 전에 미리 삶을 돌아보면 좋지 않겠는가? 그러니 책을 읽으며 고민하자. 주체적 삶을 연습하고 '나'를 공부하자.

스스로 빛나는 사람이
되고 싶은가?

'자존감'이라는 키워드를 검색하면 각계각층, 연령과 성별을 떠나 스스로 자존감이 낮다고 확신하는 사람들이 정말 많다는 걸 알 수 있다. 지난 몇 년간 출판계의 핫키워드 역시 '자존감'이었다. 엄마의 자존감, 직장인의 자존감, 우리 아이 자존감, 심지어 연애와 자존감의 상관관계까지. 어른이 될수록 자존감이 중요하다는 사실을 모두들 절실히 느끼나보다.

상사에게 매일 욕먹는데 자존감을 지킨다? 쉽지 않은 일이다. 나보다 학벌 좋고 연봉이 높은 사람들만 가득한 부부동반 모임에서 자존감 있는 발언과 행동을 한다? 역시 만만한 일은 아니다. 다양한 사람들이 한데 묶이는 '어른 세상'에서 스스로 자존감을 지키며 살아가기란 한 번도 연습하지 않고 두 발 자전거를 타는 것처럼 어렵고 두려운 일이다.

자존감이 높으면 불필요한 일에 크게 신경을 쓰지 않게 된다. 그만큼 정신적 에너지 소모가 적다. 남들의 시선, 생각, 심지어 공격적인 언행에도 상처받지 않고 나를 지킬 수 있다. 스스로를 상처 입힐 수 있는 유일한 조건은 '내가 상처 입겠다고 선택했을 때'라는 걸 기억하자.

자존감이 높은 사람은 실수나 실패도 훌훌 잘 털어낸다. 실수는 하나의 사건일 뿐이지 '나'가 곧 '실수 그 자체'는 아님을 알기 때문이다. 반대로 자존감이 낮다면 작은 실수에도 치명타를 입는다. 정작 남들은 신경도 안 쓰는 실수에 안절부절못하고 자책하며 수치심을 느끼기도 한다. 결국엔 실수하는 게 두려워 100% 안전한 길만 걷는 '진정한 실수'를 하고 만다.

자존감이 낮다면 아기가 말을 배우듯 인내심을 갖고 '나를 사랑하는 법'을 다시 배워야 한다. 나를 사랑한다는 것은 '스스로 빛나는 사람이 된다'는 뜻이다. 명품백을 들고 있어서 빛나는 게 아니라, 유명한 사람과 친구라서 돋보인다고 느끼는 게 아니라, 심지어 좋은 대학을 나와 좋은 직장에 다녀서 자존감이 높은 게 아니라 존재 자체로 소중하고 빛난다는 걸 진심으로 느끼는 것이다.

자존감을 높이고 싶다면 일단 책 한 권을 끝까지 읽어라. 나에게 작은 만족감을 제공하는 것이다. 사소해 보여도 '끝까지 해내는 사람'이라는 정체성을 심어준다. 작지만 중요한 일, 읽다 만 책이 책상에 가득하다면 무의식은 자신에게 이렇게 말을 건다.

'넌 뭐든 제대로 해내는 게 하나도 없지.'

그 말이 마음에 쌓이면 자존감은 무너져 내린다. 그러니 일단 읽기로 마음먹은 책은 끝까지 다 읽고 자신에 대한 믿음을 회복하자.

다음으로, 책 속에서 꿈과 롤모델을 찾아라. 내가 원하는 길을 나보다 먼저 씩씩하게 걸어간 사람들. 그래서 나로 하여금 '다시 한 번 일어나!' 하며 응원가를 불러주는 사람을 만나본다. 돌아보면 내가 책을 가장 많이 읽고 서점과 도서관에서 살다시피 했을 때는 내 꿈이 길을 잃었을 때였다. 주변 친구들과의 비교는 시기나 질투에 그칠 확률이 높다. 건설적이고 긍정적인 역할을 제대로 하지 못한다. 반면 저자의 약력이나 스토리를 보면 질투보다는 '아, 나도 저렇게 살아보고 싶어'라는 감탄과 자극을 주는 경우가 많다. 롤모델의 습관과 생각, 인생의 중요한 결정들에 영향을 받고 배우는 과정에서 어느덧 그 모습과 닮아있는 나를 발견하게 될 것이다.

마지막으로 책을 읽으며 자신에게 과제를 부여하고 실천에 옮기는 일이다. 예를 들어 오늘 아침은《미라클 모닝 밀리어네어》로 포문을 열었다. 책에 이런 구절이 나온다.

명상은 매일 자신에게 줄 수 있는 좋은 선물이다. 미라클 모닝을 실천하는 수많은 사람이 명상 시간을 좋아하는 단계로 꼽았다. 이 시간에 그들은 일상의 스트레스와 근심으로부터 벗어나 자유롭고 감사한 마음을 경험하며 마음의 평온을 되찾았다.

_할 엘로드, 데이비드 오스본, 《미라클 모닝 밀리어네어》, 한빛비즈(2019), p.80

책 속에서 의미 있는 문장을 찾았다면 '아, 그렇구나'로 끝내는 것이 아니라 변화를 이끄는 삶의 방식을 그대로 실천해본다. 이것은 주체적이고 적극적인 태도를 갖는 연습이다. 13,000원짜리 책 한 권만 구입하면 준비 완료다. 스승이나 강의실도, 교재나 과제물도 한 권의 책이 다 해결해준다. 하루 중 여유시간 15분 정도를 할애해 책을 읽고 그 안에서 오늘 해볼 일 한 가지를 선택하는 것이다. 나는 이 시간이야말로 진정으로 나에게 집중하는 시간이라고 여긴다. 이게 왜 자존감과 연결되는지는 해보면 안다.

자존감을 높이는 독서법
1. 책 한 권을 끝까지 읽고 작은 만족감을 얻는다.
2. 책 속에서 꿈과 롤모델을 찾는다.
3. 매일 과제를 부여하고 실천하며 적극적이고 주체적인 삶의 태도를 갖는다.

매일의 과제, 작은 실천 그리고 열정의 지속. 다시 말해 이 일은 우리 안에 잠들어 있는 용기와 도전정신을 복원하는 일이다.

이렇게도 저렇게도 살 수 없다는 진퇴양난의 위기에 빠진 인생에 희망의 동아줄은 "다 잘 될 거야."라는 친구의 뻔한 조언이 아니라 구체적이고 실질적인 행동이다. 결국 독서다. 내 삶은 지금보다 큰 사명과 미래를 품고 있다는 확신, 다시 한 번 찬란하게 일어나 원하는 모든 것을 이뤄낼 것이라는 용기를 회복하는 데 독서만 한 것은 없다.

나는 다시 일어설 수 없을 것 같이 힘들었던 모든 순간에 책을 들었다. 마치 그것만이 내가 감당할 수 있는 최소한의 무게인 것마냥 절실한 마음으로 내 삶에 책이 한 권씩 쌓일 때마다 변화하고 성장했다. 당장은 아무런 성과가 없는 것처럼 보여도 마음으로 읽은 책은 절대 흩어지는 법이 없다. 당장의 잔가지와 잎사귀만 보고 판단해선 안 된다. 인생이라는 넓은 숲을 바라보면 지금 읽는 책들이 길을 알려줄 것이다.

딱 세 가지만
바꿔라

아인슈타인은 말했다.

> 어제와 똑같이 살면서 다른 내일을 기대하는 것은 정신병 초기
> 증상이다.

처음 이 명언을 읽었을 때 머리를 세게 얻어맞은 기분이었다. 매일 비슷한 일을 하고 비슷한 사람들을 만나 비슷한 패턴으로 살면서 다른 내일을 꿈꾼다는 것. 많은 사람들이 바라는 그것이 사실은 얼마나 이상한 일인가? 심지어 사람들은 어제와 같은 생각을 하면

서 다른 생각과 감정을 가진 내가 되기를 꿈꾼다. 그건 손가락 하나 까딱하지 않고 기적이 일어나기를 바라는 심보다.

우리가 책을 읽는 이유는 결국 변화를 위해서다. 단기적이고 표면적인 변화 말고 궁극적이고 영구적인 어떤 변화. 많은 사람들이 '이번 책'은 정말 내 삶을 바꿔줄 거라 믿는다. 책을 읽을 때는 고개를 세차게 끄덕이고 가슴이 뻥 뚫려서 이제야 제대로 된 길을 찾은 것만 같다. 하지만 곧 현실로 돌아온다. 변한 것은 아무것도 없는 지독한 현실이다. 퇴근 후 다시 베스트셀러 매대를 두리번거리며 '결정적 한 방'을 선사할 다른 책을 찾아 헤맨다. 하지만 1년 전, 한 달 전, 어제와 같은 방식으로 책을 읽는다면 여전히 같은 삶만 반복될 것이다.

책은 정말이지 아무 잘못이 없다. 문제는 나에게 있다. 나의 '나쁜 독서'가 문제다. 눈으로 글자만 읽는 것은 독서가 아니다. 읽은 책의 숫자만 세는 것이 무슨 소용일까? 그러려면 차라리 그 시간에 미드를 보며 리스닝 훈련을 하는 게 낫다. 진짜 독서는 내 사고방식을 점검하게 해준다.

'30년 넘게 이런 생각을 하고 살았는데, 그게 꼭 옳은 것만은 아니구나.'

내 안의 다른 나를 끄집어내는 것이다. 이 과정은 억지로가 아니라 아주 자연스럽게 이루어진다. '스스로 생각하는 책읽기'를 하면 가능하다. 작가의 생각을 눈으로만 읽는 게 아니라 그 의견에 대해 평소의 나는 어떻게 생각해왔는지를 돌아보는 것이다. 어떤 작가는 10년간 하루도 빠짐없이 감사일기를 썼다는데 나는 어떤 형식으로 주어진 것에 감사할 것인지를 고민하는 것이다. 작가는 마흔이 넘어 새로운 사업에 도전해 성공했는데 나는 40대에 어떤 도전을 해볼지 생각해보는 것. 이게 바로 '스스로 생각하는 책읽기'다.

때로는 아주 작은 결단 하나로 삶이 크게 달라지기도 한다. 인생의 각도를 트는 것은 이런 소소한 변화들이 모이고 모였을 때 이루어진다. 하루아침에 인생이 바뀌는 기적이란 로또나 상속 말고는 없을 것이다. 하지만 같이 사는 배우자도 못 알아보는 사소한 변화에도 인생은 다른 풍경을 펼쳐준다. 예를 들면 매일 해야 할 일의 목록을 작성하거나 습관적으로 접속하는 스마트폰 어플을 하나만 삭제해도 그렇다. 그 심플한 변화로 스트레스가 크게 줄고 업무 효율이 몇 배나 늘어날 수도 있다.

독서도 그렇다. 간단한 독서기술 하나만 더해도 책은 완전히 다르게 읽힌다. 지금까지 책을 읽고도 변화를 경험하지 못했다면 당신이 책을 읽는 방법이 잘못되었다는 얘기다. 그렇다면 무엇을 어떻게 바꾸면 좋을까? 아주 간단하게 딱 세 가지만 바꿔보자.

독서법을 바꾸는 세 가지 기술

1. 익숙하지 않은 분야의 책을 읽는다

에세이만 읽는 사람은 항상 에세이만 읽는다. 판타지소설을 좋아하는 사람은 재테크 서적은 읽지 않는다. 경제경영서만 쌓아두고 사는 50대 독자는 시집을 읽지 않는다. 대부분 자신에게 익숙하고 편한 책만 골라 읽게 마련이다. 하지만 한 번쯤 익숙한 세계를 깨뜨려본다면? 의도적인 '불편함'을 감당한다면? 파격과 일탈은 적어도 독서에서만큼은 플러스 요인이 된다. 어떤 명문대학에서도 배울 수 없는 '인식의 확대'를 경험할 수 있기 때문이다.

안전함만 추구하는 사람에게도 이 독서는 꼭 필요하다. 한 번쯤은 평생 읽지 않을 것 같은 종류의 책을 사서 읽어보는 것이다. 에세이만 읽어온 30대 여성 독자라면 무협지나 부동산 경매책을, 소설을 좋아하는 여대생이라면 철학 고전을, 마케팅과 영업에 관한 실용서만 읽어온 50대 자영업자라면 프랑스 소설을 읽어보는 것이다. 용기를 내고 다른 세계의 문을 활짝 열어보자. 책을 통해 다른 시야를 갖는다는 게 어떤 의미인지 이해가 될 것이다. 독서 그자체가 공부가 되고 경험이 된다는 것의 진짜 의미를 깨닫게 될지도 모른다. 익숙한 세계를 벗어나 의외의 발견을 하는 일도 상당할 것이다. 좋은 사업 아이디어를 떠올릴 수도 있고, 새로운 분야에 흥미를 느끼는 자신을 보는 재미도 쏠쏠하다.

2. 끊임없이 '왜'라는 질문을 던지며 읽는다

내 생각이 끼어든 독서는 다시 말해 끝없이 질문하는 독서다. 가끔 책을 쓰는 저자의 말은 무조건 다 옳다고 생각하는 사람들이 있다. 왜냐하면 책은 옳다고 배웠으니까. 하지만 저자도 사람인지라 자신만의 편견과 아집에 사로잡혀 있을 수도 있다. 저자의 말이 100% 진리는 아니라는 얘기다.

글을 읽다가 평소 내 생각과 다른 부분이 있다면 그 순간 '왜?'를 던져보는 것이 중요하다. 예를 들어, 저자는 모든 것은 신의 뜻에 따라 움직인다는 운명론자다. 하지만 평소의 나는 사주팔자보다 중요한 것은 심상, 즉 마음결에 따라 스스로 만들어가는 운명이라고 믿어왔다. 책을 읽으며 저자는 어떤 이유로 그런 가치관을 갖게 되었는지를 이해해본다. 또 나는 왜 그런 믿음을 갖게 되었는지 스스로에게 물어보는 것이다.

질문하는 독서에는 '아무것도 당연하게 생각하지 않는다'는 전제가 깔려있다. 차이를 인정하고 이해하기 위해 끝없이 물음표를 던지는 것이다. 평소에 호불호가 명확하다는 얘기를 듣는다면 이 독서법을 강력하게 추천한다. 질문을 통해 나와 다른 상대를 이해하고 '틀린 것'이 아닌 '다른 것'일 뿐임을 배울 수 있다.

질문하는 독서는 다음과 같이 실천한다. 일단 하나의 목차(CHAPTER 또는 PART)를 읽은 뒤 가장 핵심적인 질문 하나를 뽑아낸다. 이어서 핵심 질문에서 나온 다른 질문 몇 가지를 더 고민한다. 스스로에게 질문을 던졌다면 자신만의 솔직한 답을 찾아본다.

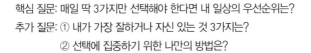

랜디 저커버그, 《픽 쓰리》, 알에이치코리아(2019)
'1장 시소 타기로 균형 잡기'를 읽고

핵심 질문: 매일 딱 3가지만 선택해야 한다면 내 일상의 우선순위는?
추가 질문: ① 내가 가장 잘하거나 자신 있는 것 3가지는?
          ② 선택에 집중하기 위한 나만의 방법은?

3. 내 수준에 읽기 힘든 책을 사서 정독한다

《잘라라, 기도하는 그 손을》의 저자인 사사키 아타루佐々木中는 "몇 번 읽어도 알 수 없는 책만이 책이다."라고 단호하게 말했다. 잘 팔리고 잘 읽히는 책만 만들고 읽으려는 출판계와 독자들을 대놓고 비판한 것이다. 독서는 지극히 개별적인 경험이라 누군가에게 쉬운 책이 누군가에겐 어렵고, 누군가에게 재미있는 책이 누군가에겐 지루하다. 따라서 일단 남들이 어렵다는 책 말고 내가 읽다가 중도 포기한 책 하나를 다시 집어든다. 그리고 '만만하지 않은 책'을 읽으며 나 역시 결코 '만만한 놈'은 아니라는 사실을 내 인생에 증명하는 것이다.

한번쯤 어려운 책에 도전해봐야 하는 이유는 여러 가지이지만 우선 집중력을 기를 수 있다는 장점이 있다. 다음으로 안 된다고 느꼈던 일에 도전해서 결국 그걸 해냈을 때의 쾌감을 느낄 수 있는 가장 작은 단위의 도전이 바로 '내 수준에 읽기 힘든 책 완독하기'라고 말하겠다. 딱 한 권의 벽만 넘으면 알 수 있다. 이렇게 어려운 책도 읽어내는 나라면 그 어떤 책에도 거침없이 도전할 수 있다는 자신감이 생긴다. 낯설고 어렵게 느껴지는 책 하나를 결국 끝내는 경험을 몇 번 하면 '편독'이라는 고질병도 사라진다.

창의적인 사람이 독서도 잘한다. 상상력이 풍부하고 도전정신이 충만한 사람이 다양하게 읽고 쓰고 토론하며 책을 살아 숨 쉬는 '생물'로 가지고 논다. 마찬가지로 다양한 방법으로 독서를 하면 어느덧 창의적이고 상상력과 도전정신으로 가득한 특별한 사람이 된다.

완벽주의자와
성과주의자를 위한 책읽기

여러 사람들의 다양한 독서법을 엿보며 한 가지 공통점을 발견했다. 특히 '책읽기가 안 된다'고 이야기하는 분들에게는 그 공통점이 더욱 두드러지게 보였다. 바로 지나친 완벽주의자이거나 성과주의자라는 점이다. 그들은 독서에 관해 어릴 때부터 받아온 교육이나 자신만의 신념을 무조건 고수한다.

"책은 처음부터 끝까지 순서대로 읽어야 한다."
"책을 읽고 난 뒤에는 반드시 서평을 써야 한다."
"책에는 낙서하지 말고 깨끗이 읽어야 한다."

안 그래도 우리 사회에는 제약과 금기가 많은데 책을 읽으면서까지 틀에 자신을 밀어 넣으면 어떨까? 얽매임이 많으면 많을수록 억지로 꾸역꾸역 읽을 수밖에 없다. 완벽주의자들은 거기서 조금만 벗어나도 자신은 나쁜 독자이며 불량한 책읽기를 하고 있다고 여긴다. 이러니 진도가 안 나갈 수밖에.

성과주의자들은 매번 '투자 대비 확실한 무언가'를 뽑아내려고 한다. 물론 필요한 일이다. 하지만 책을 읽을 때마다 거기에서 무언가를 얻을 수는 없다. 매번 인생이 바뀔 만한 교훈을 얻거나, 진리를 깨닫거나, 자신을 돌아보게 되거나 엄청난 영감을 얻어낼 수 없다는 말이다. 그렇지 않은 경우가 훨씬 더 많다. 어떤 책은 처음부터 끝까지 밑줄을 긋고 싶을 만큼 마음을 울리지만 어떤 책은 꼼꼼히 읽어도 괜찮은 정보 하나 얻지 못한다. 그런데 성과주의자들은 반드시 뭔가를 얻어내야 한다고 생각한다. 오늘 독서에 한 시간을 투자했다면 그만큼 눈에 보이는 수익을 계산하는 것이다. 그러지 못했다면 시간낭비를 했다고 여긴다. 이는 정답 찾기 강박증이 있거나 책이 주는 위로와 행복의 기능을 맛보지 못했기 때문이기도 하다.

휴가를 떠나 조용히 백사장에 앉아 책을 읽어본 적이 있는가? 그럴 때 책에서 뭔가를 얻어내려 전전긍긍하기보다 그저 텍스트가 주는 잔잔한 울림, 종이 냄새, 종이 넘기는 소리나 질감 같은 감각적 요소에 마음이 빼앗긴 기억이 한 번쯤 있을 것이다. 육성으로 내뱉진 않았어도 '이게 바로 진정한 행복이지'를 느꼈던 순간 말이다. 책에는 그런 '친정엄마 같은' 기능도 있다. 편안하게 곁에 있는 것만으로도 배경이 완성되는 그런 존재. 책이 가진 많은 매력 중에 그런 매력까지 이해할 수 있다면 책과의 진정한 인연이 시작되었다고 할 수 있다.

독서인생을 위해 내려놓아야 할 것들

독서에 대한 강박을 내려놓아야 한다. 우선 책에 대한 오해를 풀고 자신이 가진 편견과 강박은 무엇인지 돌아보자.

어떤 사람은 책은 싫어도 읽어야 하는 것이라고 생각할 것이다. 무조건 일주일에 한 권은 읽어야 한다는 강박에 사로잡힌 사람도 있을 수 있다. 역사책은 재미없다는 생각, 오직 자기계발서에서만 얻어낼 게 있다는 생각, 모두 편견이다. 그래서 다양한 책을 접해보고 여러 방법으로 접근해서 읽어보라는 이야기를 하는 것이다. 연애고수들이 입을 모아 하는 말이 있지 않은가. 연애를 많이 해본 사람이 결혼도 잘한다는 말이 나는 책에도 그대로 적용된다고 본다. 다양하게 많이 읽어본 사람이 결국 책으로 인생을 바꾼다고 생각하니까.

추천 책과 고전만 '읽을거리'라는 생각도 내려놓기를 바란다. '대학생이 반드시 읽어야 할 100권의 책'이나 '면접을 위한 상식 필독서' 같은 목록은 이제 그만. 그런 식으로 누가 읽어야 한다고 정해놓은 책만 읽으며 목록을 지우다 보면 책읽기는 고통이고 고난의 시간이 될 것이다. 나에게 도움이 되는 책, 내가 진짜 원하는 책은 영영 발견할 수 없을지도 모른다.

고전도 마찬가지다. 누군가 내게 이렇게 물은 적이 있다.

"저는 왜 그 좋다는 고전문학을 읽어도 아무 느낌이 없을까요?"

그래서 나는 이렇게 대답했다.

"저도 그래요."

고전은 시대와 국경을 초월해 인류에게 도움이 되기에 고전이 되었겠지만 내가 재미없다고 느꼈다면 어쩔 수 없다. 내가 싫으면 싫은 거다. 내게 도움이 안 되면 안 되는 거다. 대개 고전에는 표면적이고 직설적인 교훈보다도 함축적이고 깊은 사색을 요하는 구절이 가득하다. 그래서 읽기가 쉽지 않다. 인생의 깊이가 쌓이고 인식이 넓어지고 정체된 생각의 댐이 터지는 언젠가, 대중소설과 자기계발서, 에세이나 장르소설 같은 본인 취향의 책들을 많이 읽고 난 뒤에야 고전을 읽는 재미를 느낄 수 있는 날이 오지 않을까? 고전을 읽으며 감동의 눈물을 흘릴 수 있을 만큼의 인생 내공, 연륜과 지혜가 켜켜이 쌓인 그날이 오리라 기대하며 책을 읽어도 좋겠다.

마지막으로 남들의 시선을 의식해서 무턱대고 높은 목표만 세우는 일도 피해야 한다. 요즘은 인스타그램이나 페이스북 등 각종 SNS에 해시태그로 읽은 책을 공개하는 경우가 많다. '100권 읽기'나 '하루 한 권 읽기' 같은 높은 목표를 해시태그하는 경우도 있다. 그런데 자신의 수준을 고려하지 못한 '보여주기식 독서'는 결국 부작용을 낳는다. 지나치게 거대한 목표를 인지하면 우리 뇌는 일단 거부감을 갖는다고 한다. 마음은 새롭게 포착한 습관과 목표에 순응하기보다 저항하기 쉽다. 강력한 동기부여나 습관화가 없다면 그렇다는 말이다. 따라서 '오래', '재미나게' 독서를 즐기고 싶다면 자신에게 맞는 목표를 정하고 차근차근 계단을 오르도록 하자.

독서로 꿈을
이루는 방법

새로운 도전과제에 직면할 때마다 가장 먼저 하는 일은 그와 관련된 책을 20권 정도 구입하는 것이다. 2017년 화장품 회사를 창업하기 전에도 나는 화장품과 관련된 다양한 책부터 읽었다. 천연화장품, 온라인마케팅, 유통과 영업, 화장품 창업, 메이크업하는 법 등. 이 모든 것을 전문가에게 직접 들을 수 있다면 더할 나위 없겠지만 불가능한 일이기에 일단 그들의 말을 지면을 통해 대신 전해 듣는다. 그리고 필요할 경우 오프라인 모임이나 강연회, 컨설팅 등에 참석해 정보를 보충한다.

당장 눈앞에 시급한 일 말고 '언젠간' 해보고 싶은 일에도 이런 방법은 유용하다. '언젠간' 영어나 중국어 단행본을 번역하고 싶어 번역가의 실전 노하우가 담긴 책, 드라마나 영화 번역, 상황별 주제별 번역 스킬 등 '번역'이라는 키워드를 아우르는 책을 이것저것 사서 읽었다. 최소한의 배경지식을 갖추고 필드에 뛰어드는 것과 막무가내로 열정과 에너지만 갖고 시작하는 것에는 큰 차이가 있기 때문이다.

지금 꿈꾸는 일이 있는데 무엇부터 시작해야 할지 막막하다면 일단 서점에 가보자. 그와 관련된 책 한 권을 구입해서 천천히 읽어볼 것을 권한다.

딱 한 권만 읽어봐도 읽기 전과 후의 생각에 많은 변화가 있을 것이다. 미처 생각하지 못했던 부분을 깨닫고 내가 좀 더 배워야 할 부분은 무엇인지 알게 된다. 책으로 꿈의 문을 여는 것이다. 나는 이것이 인생이라는 무대에서 관객이 아닌 주인공이 되는 방법 중 하나라고 생각한다.

주인공이 되어 무대를 빛내는 삶을 사는 데는 여러 가지 방법이 있다. 멋진 모임을 만들어 함께 꿈을 이루는 방법, 당장 실천할 수밖에 없는 환경을 만드는 방법 그리고 책을 통해 꿈을 수집하는 방법도 있다.

책 한 권 몽땅 따라 하기

인생을 바꾸고 싶다는 열망이 가득했을 때의 나는 마치 '교과서 대로 공부해서 서울대 갔다'는 수능만점 학생의 상투적인 인터뷰 처럼 살았다. 마음을 움직이는 책이 있으면 그걸 교과서 삼아 그대 로 따라 하며 살았다는 말이다.

인생을 바꿔줄 강력한 라이프코치가 필요하다면? 혹은 마음을 안정시켜줄 심리상담가가 필요하다면? 일단 24시간 곁에서 나를 도와줄 아주 멋진 동반자부터 만나보라. 바로 책이다.

에크하르트 톨레, 토니 로빈스, 디팩 초프라, 오프라 윈프리. 이 멋진 라이프코치와 영적스승 들이 오직 나와 내 인생을 위한 조언 을 해주기 위해 책을 만들었다면 어떨까? 그런 마음으로 책 한 권 을 들고 책 속 지침들을 모두 따라해본다. 매일 독서하고 과제를 부여하고 실천 여부를 확인하며 한 권의 책으로 3개월을 살아본 다. 혹은 책 속 내용이 완전히 삶에 녹아들 때까지 6개월도 좋고 1년도 좋다.

누군가 말했다. 공부하기 가장 좋을 때는 역경에 처했을 때라고. 나는 책읽기 가장 좋을 때도 '이대로는 안 되겠다'는 문제의식과 위기의식을 느꼈을 때라고 생각한다. 이미 강한 동기부여가 되었 기 때문에 늘 읽던 책도 다른 의미로 다가온다. 이럴 때 한 권의 책 을 선택해 내 삶에 모조리 적용한다면 인생은 바뀌고야 만다.

도서명	위즈덤	출판사	다산책방
저자명	오프라 윈프리	출간 연도	2019년
책 속 한 줄	"나는 스스로 칭찬할 만한 삶을 살고 있는가?"		
실천 과제	스스로가 좀 더 예쁘게 느껴질 만한 일 5가지를 적어보고 하루 동안 실천해 보자.		
실천 사항	• 동료의 귀찮은 일 도와주기 • 틈새시간 활용한 1시간 독서 • 잠들기 전 기도하기 • 조부모님께 따뜻한 안부 전하기		
실천 여부	미션 완료		

책이 주는 가장 큰 수확은 뭐니 뭐니 해도 이 우주보다 광활하고 변화무쌍한 '나'를 알아가는 데 있다. 책을 읽으면 서평을 작성하지 않아도 이런 말을 내뱉게 될 때가 있다.

"어, 나도 비슷한 경험 있는데!"
"나도 한때 그만큼 아팠었지."
"나도 저 여자처럼 살아보고 싶다."

공감하는 과정에서 평소 무의식 속에 있던 감정이 빼꼼, 고개를 내민다. 처음에는 당황하고 짜증이 날 수도 있다. 안 보고도 잘 살아왔는데 '내면의 어린아이'가 나타나는 바람에 마음이 더 괴로워지기도 한다. 하지만 이해하고 해결하기 위해서는 직면하는 용기가 필요하다. 내 안에 뭐가 있는지 알아야 그걸 치유하든 넘어서든 할 수 있다. 책을 읽다보면 이런 상황을 자주 만난다. 하지만 나를 제대로 보고 이해하는 작업을 계속 하다보면 언제부턴가 내면이 단단해지는 것을 스스로 느낀다. 이전에는 크게 흔들리던 일도 대수롭지 않게 넘기기도 하고, 두렵고 불안했던 일을 진행하기도 한다. 트라우마나 콤플렉스라고 느껴지던 것들을 직시하고 보듬을 수 있기 때문이다.

자신을 이해하면 몰랐던 힘을 발견한다. 절대 할 수 없다고 여겼던 일을 거침없이 해내기도 한다. 이전의 나는 많은 사람들 앞에서 강연하는 일은 상상도 할 수 없었고 하기 싫었다. 하지만 책을 읽으며 나를 알아가는 과정에서 내 안에 '나눔의 열망'과 '사람들 앞에 서고 싶은 마음'이 있다는 것을 알게 됐다. 그래서 한두 차례 용기를 내어 무대에 섰다. 떨리고 민망하고 엉망진창인 강연도 많았다. 하지만 내가 사람들 앞에 섰던 크고 작은 모든 무대가 내 삶에 없어서는 안 될 장면이 되었다. 많은 것을 알게 되고 배운 지혜의 현장이었다. 지금은 삼성전자, 미래에셋 등 여러 대기업과 카이스트, 이화여대 등 대학교에서도 특강을 진행한다. '절대 할 수 없을 것'이라 여겼던 문 하나만 열어젖혔을 뿐인데 생각보다 많은 기회가 찾아왔다. 이 모든 것이 책을 통해 나를 만나면서 가능했다.

내 안에 무엇이 잠자고 있는지는 용기의 눈으로 제대로 바라보기 전까지 아무도 모른다. 단, 그 용기는 절대 그냥 주어지지 않는다.

콘텐츠 생산자가
되어라

누구나 마음만 먹으면 창작자가 될 수 있는 시대다. 예전처럼 일부 유명인이나 학자, 신춘문예로 등단한 소설가만 책을 내는 시대가 아니다. 아이 셋을 키우는 옆집 아주머니도, 회사에 다니며 재테크를 하는 김 대리도, 작은 가게를 운영하는 40대 싱글남도 '나만의 색깔과 나만의 스토리'가 담긴 콘텐츠를 얼마든지 생산할 수 있다.

콘텐츠를 공유할 수 있는 플랫폼도 다양해졌다. 요즘 대세인 영상콘텐츠는 유튜브나 네이버TV에, 감상적인 에세이나 일상 이야기는 여전히 블로그가 유리하다. 다음카카오에서 운영하는 브런치에는 책을 출간하고 싶은 예비 작가들이 쓴 수준 높은 읽을거리가 차고 넘친다. 나도 브런치에 업로드된 글을 몇 편 읽고 '우리나라에 이토록 글을 잘 쓰는 사람이 많았다니' 하며 감탄했었다. 브런치에는 해마다 출판공모전이 열리고 입상하면 정식 출간의 길도 열린다. 매력적인 기회를 제공하기에 단기간에 플랫폼이 성장할 수 있었던 것 같다.

나는 중국어 통번역사, 기업출강 강사, 통번역회사 대표, 화장품 브랜드 런칭, 공기업 홍보팀 근무 등 관심사에 따른 다양한 일을 즐겁게 하며 살아왔다. 하지만 파도타기 하듯 몇 년에 한 번씩 직업을 바꾸거나 추가하면서도 10년 넘게 결코 손에서 놓지 않은 일이 하나 있다. 그건 바로 '나만의 콘텐츠를 만드는 일'이다.

그렇게 쌓인 '나만의 콘텐츠' 덕분에 원하는 때에 원하는 일을 할 수 있는 자유를 얻었고 콘텐츠 특성성 유통기한이 있는 재고가 쌓이거나 월세나 인건비 걱정 없이 여유롭게 일을 진행할 수 있었다.

세상이 내게 일을 주지 않을 때에도, 아이를 낳고 독박육아에 경력단절의 위기에 놓였을 때에도 그간 만들어놓은 콘텐츠 덕에 꾸준히 일을 할 수 있었다.

게다가 이 일은 시간이 지날수록 가치가 더해지는 '놀라운' 특징이 있다. 감가상각을 걱정할 필요 없이 쌓이면 쌓일수록 자산이 되는 셈이다. 내가 좋아하고 잘할 수 있는 일을 바탕으로 하기에 무엇보다 재미있게 해나갈 수 있음은 물론이다. 뿐만 아니라 나만의 창의력과 기획력, 상상력을 발휘해 타인에게 도움을 주는 콘텐츠를 만드는 자체가 의미 있는 소명을 실현하는 일이기도 하다. 꼭 돈이 되지 않더라도 이건 너무 근사하고 가치 있는 취미생활이라는 생각이 든다.

나는 블로그에 이런저런 생각과 노하우를 정리하고, 호흡이 긴 글을 써서 책으로 묶어내고, 다시 그 책을 읽은 독자들을 대상으로 마이크를 잡고 목소리를 내는 이 모든 일들이 너무 신나는 '놀이'처럼 느껴진다. 흔히 여자 인생에서 자신감에 가장 큰 상처를 입는다는 출산과 육아를 하는 1년 동안에도 블로그에 글을 쓰고 책을 출간하고 칼럼을 연재하며 나만의 일을 충분히 즐기고 내 가치를 스스로에게 증명할 수 있었다. 그러니까 나만의 콘텐츠를 만드는 일은 남녀노소를 막론하고 반드시 가져야만 하는 지적자산이다.

나만의 노하우와 지식, 경험은 모두 콘텐츠가 된다

저성장 시대, 평생직장이 사라진 지 오래다. 대기업도 전문직도 평생 일자리나 일거리를 보장하지 않는다. 지금은 '나만의 콘텐츠'로 차별화할 수 있는 사람만이 살아남는다. '나' 혹은 '내가 하는 일'을 브랜드화하여 유일무이한 무엇을 창조하는 것, 콘텐츠만이 할 수 있다.

당장 일을 때려치우고 회사 밖으로 나오라는 얘기가 아니다. 회사에 다니면서도 훌륭한 콘텐츠 생산자로서의 길을 걷는 사람들은 많다. 실제로 책을 출간한 저자들도 다른 직업에 종사하면서 자신만의 콘텐츠를 한 권의 책으로 묶어낸 경우가 많다. 그러니 더욱 매력적일 수밖에 없다. 다른 일을 하면서도 언제든지 할 수 있는 일. 시간이 지날수록 가치가 높아지고 이름이 알려지는 일. 자본금이나 고정지출 없이 '지금 당장', '그 자리'에서 시작할 수 있는 일, 바로 콘텐츠 생산자의 길이다.

그렇다면 콘텐츠 생산자는 어떤 일을 하는 사람일까? 내가 생각하는 콘텐츠 생산자는 다음과 같은 사람을 의미한다.

- 명함을 위한 일이 아닌 내가 행복하고 재미있는 일을 하는 사람
- 나만이 할 수 있는 이야기를 글이나 그림, 영상 등으로 꾸준히 제작하는 사람
- 다른 직업이 따로 있어도 '평생직업'으로 삼을 수 있는 기반을 구축한 사람
- 생산한 콘텐츠를 바탕으로 당장 10만 원이라도 수익화를 실현할 수 있는 사람

- 구구절절 설명하지 않아도 이 사람, 혹은 이 사람의 콘텐츠가 무엇을 이야기하는지 인정받는 사람
- 정보의 소비자가 아닌 생산자인 사람
- 어떤 SNS든 관계없이 내 것을 응원하는 구독자 1,000명 이상의 '메인 플랫폼'을 가지고 있는 사람

콘텐츠 생산자는 돈 많고 능력이 뛰어난 사람이 결코 아니다. 아이 셋을 나만의 육아 노하우로 열심히 키운 전업맘도 대한민국 최고의 콘텐츠 생산자가 될 수 있다. 물론 매력적인 콘텐츠를 꾸준하게 생산해야만 한다.

지금 당장 콘텐츠 생산자로서의 삶을 시작하길 바란다. 전업맘, 직장인, 60대 은퇴자, 전문직 종사자, 대학생 등 누구나 가능하다. 하루라도 빨리 시작해야 하루라도 빨리 '나만의 세계'를 건설할 수 있다. 당신의 가치를 당신 손으로 직접 만들기를 바란다.

아직 성장할 수 있다는
믿음을 가져라

우리 안에 깃든 잠재력을 일깨우는 데 여전히 독서만 한 경험은 없다. 자기계발서의 고전이 된 앤서니 라빈스Anthony Robbins의 《네 안에 잠든 거인을 깨워라》를 보면 '참고경험'Reference Experiences이라는 단어가 등장한다. 참고경험이란 말 그대로 우리의 성격과 자아, 운명을 형성하는 데 결정적인 역할을 한 경험들이다. 책에는 조지 부시 전 미국대통령의 목숨을 건 폭격 임무를 설명하며 그 일이 그의 믿음과 가치관을 형성하는 데 중요한 바탕을 만들었다고 말한다. 그가 훗날 대통령이 되어 맞닥뜨린 크고 작은 일들을 결정하는 데도 영향을 주었다는 것이다.

누구에게나 그런 참고경험이 있다. 가끔 나 자신조차 이해하기 힘든 행동을 할 때가 있는데, 그건 삶을 거슬러 올라가 어떤 참고 경험으로부터 얻은 나만의 대응방식인 경우가 많다. 당연히 참고 경험이 많고 질이 높을수록 이런저런 일들을 더욱 효과적으로 판단하고 처리할 수 있다. 참고경험은 우리 삶을 움직이는 보이지 않는 시스템인 셈이다.

그렇다면 어떻게 참고경험의 양과 질을 확보할 수 있을까? 현재 학생인 내가, 돌봐야 할 어린 아이가 있는 내가, 회사에 막 입사한 내가, 뭔가를 경험하기 위해 현실을 박차고 나갈 수는 없다. 다행히 참고경험은 직접적 체험도 있지만 다른 사람에게 들은 정보로도 구성된다고 한다. 바로 독서를 통한 정보다.

경험을 확대하는 도구로 세상 온갖 특별한 일들이 담겨 있는 책의 세상만 한 것은 없다. 독서는 성공하고 실패하고 도망가고 맞서 싸운 모든 이들의 경험을 내 것으로 차용할 수 있는 멋진 기회인 것이다. 내가 직접 세계를 돌며 장사를 해볼 수는 없지만《나는 세계일주로 경제를 배웠다》를 읽으며 전 세계에서 물건을 사고 판 저자의 경험을 배울 수 있다. '쓰기 위해 버는' 소비주의에 지쳐 탈진한 상태라면 진정한 미니멀리즘에 대한 실천적 에세이《100개만으로 살아보기》속 저자의 경험에 귀 기울여보는 것이다. 북극의 생태가 궁금하다고 직접 가볼 수는 없지만 그곳에 머무른 생태학자의 일기《여름엔 북극에 갑니다》를 읽으며 한 번도 밟아본 적 없는 땅의 아름다움을 상상한다.

그들 모두의 참고경험을 읽으며 나 자신의 참고경험으로 삼고 새로운 아이디어, 새로운 통찰력, 새로운 행동과 새로운 결과를 만들어낼 수 있다.

나는 지금도 경험하고 싶은 현실이 있다면 가장 먼저 서점에 간다. 놀랍게도 서점에는 그 일을 먼저 경험한 사람의 이야기가 반드시 있다. 아이를 데리고 제주도로 이주한 가족 이야기, 집에서 영어를 독학해 동시통역사가 된 사람의 이야기, 밤마다 글을 써 소설가가 된 사람의 경험담 등 꿈을 이룬 그들의 이야기에 가슴이 뛰고 '나도 할 수 있다'라는 마음이 조심스럽게 올라오는 게 느껴진다. 그래서 나에게 있어 새로운 삶의 가능성을 발견하는 데 서점만 한 공간은 없다.

앞서 말한《네 안에 잠든 거인을 깨워라》의 저자 앤서니 라빈스는 매일 참고경험을 넓힐 방법을 찾았고, 그 결과 서른한 살에 수백 년짜리 참고경험을 가지게 되었다고 이야기한다. 그가 한 달에 갖는 참고경험의 수는 대부분의 사람들이 1년 동안 하는 참고경험의 수와 거의 맞먹기 때문이다. 이 말은 그가 수백 권의 책을 읽었고 현재도 멈추지 않고 읽고 있다는 뜻이다. 그는 정크푸드처럼 헛배만 부른 책이 아닌 삶을 진정으로 풍요롭게 만드는 책들을 읽고 그 안에서 자신이 품었던 모든 질문에 대한 답을 발견했다. 그리고 우리 모두 이렇게 질문하라고 말한다.

"최고 수준에서 진정한 성공을 거두기 위해, 내가 진정으로 원하는 것을 이루기 위해 내게 필요한 참고경험은 무엇인가?"

성장을 위해 지금 내게 필요한 경험은 무엇일까?

고민해보자. 지금 이 순간 내가 원하는 것은 무엇인가? 직장을 그만두고 홀로서기를 꿈꾸고 있다고? 사춘기에 접어든 딸과의 갈등 때문에 고민이라고? 부모님의 죽음을 받아들일 수 없어 힘들다고? 항상 똑같은 인간관계 문제로 고민하거나 낮은 자존감에 사회생활 자체가 어렵다면 이를 먼저 극복한 누군가를 역할모델 삼아 참고경험을 넓혀가야 한다. 그들은 그 상황에서 무엇을 느꼈는지, 어떤 행동계획을 세우고 어떻게 삶에 적용했는지, 현재의 나와 그들의 차이점은 무엇이고 그들에게 배워야 할 점은 구체적으로 무엇인지 찾아야 한다.

- 현재 상황에서 내가 경험하고 싶은 것은 무엇인가?
- 비슷한 경험을 한 사람들의 책과 정보를 찾아봤는가?
- 그들의 생각과 행동은 현재의 나와 무엇이 다른가?

- 지금 당장 몸을 움직여 할 수 있는 일은 무엇인가?

나는 나이가 들어도 끊임없이 성장할 수 있다고 믿는다. 실제로 해마다 새로운 것을 깨닫고 새로운 사람을 삶에 초대하며 성장하고 있다. '나를 이전으로 돌아갈 수 없게 만드는' 책을 읽는 일도 마찬가지다. 책을 읽을수록 새로운 세상이 펼쳐지고 새로운 눈으로 세상을 바라보게 된다. 나이 드는 것도 크게 두렵지 않고 혼자만의 시간도 전혀 외롭지 않다. 일상에 무기력이 끼어들 틈이 없고 하고 싶은 일의 목록은 날이 갈수록 길어진다. 책을 읽으며 사는 삶이란 고리타분한 선비 같은 일상을 사는 게 아니다. 어쩌면 그 반대다. 얽매이지 않고 나를 한계에 집어넣어 규정하지 않으며 '이 책의 저자도 했는데 나도 해볼까?' 마음먹으며 자유롭게 사는 삶이다.

어떻게든
일단 시작하라

'개혁'을 하고자 할 때 가장 중요한 단계는 무엇일까? 고故 구본형 작가는 그것을 '실천'이라고 말했다. 가장 중요하지만 가장 어려운 단계. 그래서 고액을 받는 능력있는 컨설턴트들도 더 이상 도와줄 수 없다고 물러서는 대목이 바로 '실천'의 단계라는 것이다.

얼마나 많이 읽어서 얼마나 많이 아느냐가 중요한 게 아니다. 결국 관건은 그래서 얼마나 몸을 움직여봤느냐는 것이다. 생각은 고이면 썩는다. 여기서 '고인다'는 의미는 생각만 계속하고 아무런 행동을 취하지 않음을 말한다. 내가 생각하는 최악의 상황은 머리는 바쁜데 몸은 한가한 것이다. '어떻게든 일단 시작할 것'이라는 이

한 줄에 변화의 모든 힘과 비밀이 숨어 있다.

새로운 독서와 배움에서 가장 중요한 것들

1. 계속하는 것이 가장 중요하다

마음을 굳게 먹고 책읽기 계획을 세워도 사나흘 지나면 책을 한 글자도 읽을 수 없는 '어쩔 수 없는' 상황에 맞닥뜨리게 된다. 사실 그런 상황의 대부분은 '그래도 하라면야 할 수는 있지만 오늘은 정말 하기 싫어'인 경우다. 사실 못하는 경우보다 안 하는 경우가 대부분이다.

독서를 계획할 때 가장 중요한 것은 어떤 책을 읽을 것인지가 아닌 얼마나 꾸준히 읽을 수 있는가다. '내가 이런 돈도 안 되는 짓을 왜 하고 있지?'라는 질문의 포로가 되지 말고, 기회비용을 무수히 따지며 '그 시간에 차라리 주식투자를 할 걸'이라며 흔들리지 말고 일단 읽기로 마음먹었다면 그냥 읽어야 한다. 독서는 욕심을 부려 단기간에 결과를 낼 수 있는 공부가 아니다. 아마 대치동 일타강사도 독서습관은 제대로 형성시켜줄 수는 없을 것이다. 그건 오직 나만이 할 수 있는 일이기 때문이다.

흔히 공부에는 '성공'이 없다고 한다. 독서도 공부의 일종이니 마찬가지다. 평생 하는 것이지 어느 순간 성공과 실패로 나눌 수 있는 게 아니다. 무조건 '꾸준히'에 의미를 두어야 한다. 결국 규칙적인 독서만이 남는다. 일 년에 하루 이틀 밤 새워 읽는 책 말고 하루에 단 한 페이지를 읽어도 나만의 생각을 정리하는 습관을 가지는 것이 중요하다.

2. 쓸 수 없다면 아는 것이 아니다

읽은 내용을 요약정리하여 제대로 발제하지 못하더라도 적어도 핵심 키워드 정도는 뽑아낼 수 있어야 한다. 읽기는 잘 되지만 쓰기에서 막히는 이유, 같은 말로 진정한 읽기란 쓰기로 완성되는 이유는 여기에 있다. 잘 이해했다고 생각하는데 막상 종이를 펼쳐놓고 글을 쓰려고 하면 아무것도 떠오르지 않는 경우가 많다. 읽은 내용을 제대로 이해하지 못해서 이런저런 단어들이 머리를 마구 휘젓고 다닐 수도 있다.

그래서 항상 써보는 것이 중요하다. 읽고 쓴다는 것은 작가의 말을 나의 말로 다시 정리하는 것이다. 쓰고 고치고 또 다시 쓰더라도 꼭 정리하고 넘어가는 게 중요하다. 그래야 비로소 내가 공들인 지식과 지혜가 현실이 된다. 읽은 후 내 문장으로 정리하는 일은 원석을 다듬고 쳐내는 창조의 과정이다.

3. 배운 것은 반드시 사용한다

결국 독서도 삶을 제대로 꾸리고 싶은 마음에서 비롯된다. 그러기 위해 배운 것을 현장실습해보는 것은 별표 100개로도 모자랄 만큼 중요한 과정이다.

우리 삶은 거대한 실험실이다. 책을 통해 얻은 지식을 자유롭게 펼쳐볼 수 있는 공간이다.

4. 독서도 체력이 관건이다

이영미 작가가 쓴《마녀체력》이라는 책을 정말 재미있게 읽었다. 책을 읽자마자 운동계획도 아주 구체적으로 짰다. 운동은 나에게 있어 늘 당위성과 의무감의 고된 노동이었다. 하지만 나 같은 생각을 가졌던 한 여자가 운동으로 삶을 '개혁'한 생생드라마를 지켜보며 힘을 얻었다. 열흘 넘게 운동을 꾸준히 해보니 나 역시 약간의 재미를 알게 됐다. 그리고 몸과 마음이 함께 모험하지 않는데 어찌 삶을 다 안다고 말할 수 있겠느냐는 이 책의 추천글이 계속 머릿속에 맴돌았다.

몸과 마음이 함께 모험한다는 구절이 마음에 불을 질렀다. 나 역시 언제나 '마음의 모험'만 추구하던 사람이라 더욱 그랬나보다. 독서를 꾸준히 잘하려면 무엇보다 몸이 튼튼해야 한다. 게으른 몸으로는 무엇도 이룰 수 없다. 한때 국민 웹툰이자 드라마로도 많은 사랑을 받았던 〈미생〉을 기억하는가? 어린 장그래에게 바둑 스승은 꿈을 이루고 싶다면 체력을 먼저 기르라고 조언한다. 우리가 느끼는 짜증, 우울, 분노 등의 부정적인 감정들은 체력이 약해서 정신이 몸을 지배해 나타나는 증상일 수도 있다.

그러니 몸과 마음이 함께 모험하는 삶은 얼마나 낭만적인가? 스스로에게 얼마나 떳떳하고 아름다운가? 하고 싶은 일이 많다면 무엇보다 체력을 기르자.

5. 결국 목적은 나를 이해하는 것이다

우리가 공부를 하는 목적은 나 자신을 알아가는 데 있다. 내가 누구인지, 진정으로 원하는 삶은 무엇인지, 어떤 것에 마음을 바쳐왔고 어떤 것에 마음을 다쳤는지, 앞으로 어디에서 누구와 어떻게 살아가고자 하는지. 결국 '나'를 알기 위해 책을 읽는 것이다. 그래서 아무리 방대한 독서를 하고 글을 써도 '나'가 빠지면 허무해진다. 내 삶과 나에 대한 성찰이 없는 공부는 허세가 되기 십상이다. 진정한 나 자신으로 살기 위한 도구로서 우리는 책을 집어든 것이다.

나다움을 발견하고자 노력하며 책을 읽자. 대단한 평론을 하는 것보다 나에 대한 한 줄 이해를 얻는 것이 훨씬 훌륭하다.

하루 15분 책읽기가
강력한 삶의 무기가 된다

책은 인생의 여정에서 내가 찾아낼 수 있었던 최상의 장비다.

_미셸 드 몽테뉴

독서가 좋은 가장 큰 이유는 읽기 전과 후가 같았던 적이 한 번도 없어서다. 어떤 의미에서건 어떤 변화이건 간에(인식이나 행동) 책은 늘 나를 크고 작은 변화 속으로 밀어 넣었다.

이 말은 곧 책이 내게 도구나 무기가 되었다는 의미이기도 하다. 책은 도끼처럼 편견과 고정관념을 쩍 가르거나 망치처럼 무지와 몰상식을 내리치고, 송곳처럼 상처와 고통으로 취약한 부분들을 찔러댔다. 하지만 모든 깨달음의 과정이 그러하듯 탄식과 아픔을 견뎌내지 않으면 절대로 한 걸음도 나아갈 수 없다. 책은 나에게, 우리 모두에게 기꺼이 '악역'을 도맡는다. 아무리 친한 친구나 가족도 선뜻 해줄 수 없는 충고를 한다.

'너 그렇게 사는 게 정말 옳다고 생각하니?'
'그 점을 바꾸지 않는 이상 네 삶은 늘 제자리걸음일 거야.'

따뜻한 스승이나 멘토도 건네기 힘든 위로를 할 때도 있다.

'괜찮다. 다 괜찮다. 너는 그 자체로 이미 완전하다.'
'그 상처로 인해 더욱 특별하단다. 너는 상처와 아픔 이상의 존재이니까.'

때론 현명한 학자나 교수도 내뱉기 어려운 조언을 한다.

'인생이 안 풀릴 때 가장 좋은 방법은 스스로에게 끝없이 질문을 퍼붓는 것이다.'
'어떤 일이 벌어질지 네가 결정할 수는 없지만 어떻게 받아들이는가는 완벽한 네 선택이야.'

이처럼 책은 우리를 질문 속에 몰아넣고, 열정에 기름을 부어주고, 자존감과 정체성을 형성하는 데 도움을 주며, 꿈과 비전을 발견하도록 응원해왔다. 그래서 나는 책을 읽는다. 빠르고 복잡하고 다양하고 시끄러운 것들이 우위를 차지하는 세상에서 그럼에도 불구하고 이 느리고 조용한 행위를 기꺼이 한다. 왜냐하면 그것만이 본질에 닿게 하니까, 본질을 변화시키니까. 그래서 나는 오늘도 책을 읽는다. 자라고 싶어서, 배우고 싶어서, 죽을 때까지 성장하는 내 모습을 보고 싶어서. 실제로 '필사적'이라고밖에 표현할 길이 없는 지난 시간의 독서로 내 삶은 손바닥 뒤집히듯 바뀌었다.

나는 늘 책을 만지며 가까이하는 삶을 살고 싶었다. 책을 만들거나 읽거나 쓰는 삶. 그래서 작가나 번역가, 그도 아니면 출판사에 취직을 해서라도 책을 곁에 두고 살겠다고 결심했다. 그런데 나는 세 가지 중 가장 가능성이 낮다고 생각했던 작가가 되었다. 10년간 해마다 한 권씩 총 10권의 책을 썼다. 좋아하는 일을 마음껏 할 수 있었던 것만으로도 이미 충분한데 생각지도 못한 기회도 얻었다. 한때 취업시장에서 전패를 기록하며 스스로를 '낙오자'라 여겼으나 현재는 대학에서 강연을 하고 대기업에서 임직원을 대상으로 특강을 한다.

깊은 우울증에 오랜 시간 몸도 마음도 아팠지만 스스로를 치유하고 다른 힘든 상황에 직면해도 굳건히 설 자신감을 갖게 한 것도 바로 책이었다. 나를 위로하는 수많은 책을 만나 오랜 시간 '셀프 치료'를 했고, 지금의 나는 세상에서 가장 강인한 영혼을 가진 사람 중 한 명이라고 자부한다. 그런 의미에서 독서는 나를 구원했다.

성공을 위한 나만의 전략과 루틴을 발견하고 다른 길을 모색하게 한 것도 다름 아닌 책이었다. 매일의 독서를 통해 아이디어를 얻고 창의적인 습관을 이어가고 다른 사람의 생각을 엿보며 구체적인 나만의 목표를 세우고 실천했다. 서너 차례 창업에 도전하고 전혀 다른 분야에서 새롭게 시작하고 수백 개의 크고 작은 인생 목표를 세우고 하나씩 지워나간 것, 놀랍게도 이 모든 '터닝포인트'의 시작은 독서였다. '너는 할 수 있다'는 무한 지지와 격려, 때로는 죽비로 머리를 내려쳐 정신 차리게 해주는 역할도 모두 다 책이 했다.

가장 지혜롭고 성공적이며 부유한 사람들의 깨달음과 통찰을 얻고 싶은가? 그것들로 내 삶을 더 좋은 방향으로 바꾸고 싶은가? 그렇다면 답은 하나다.

독서.

세상 모든 지혜의 도구들을 모아둔 거대한 보물창고를 매일 잠깐이라도 들여다보는 행위. 책을 통해 인생을 바꾸지 못하는 사람은 다른 어떤 도구로도 바꾸지 못할 것이다.

나는 이 책에 지난 20년간 늘 내 삶의 1순위를 차지했던 독서를 어떻게 다양하게 활용했는지 자세히 소개했다. 내가 해왔고 하고 있는 모든 독서 방법을 하나라도 더 담고자 노력했고 목적의식을 갖고 열렬히 책을 읽을 때 삶이 어떻게 변화하는지에 대한 경험담도 풀어냈다. 그리고 글을 쓰는 내내 이 책을 읽고 독서계획을 세울 독자들에 대해 아주 구체적으로 상상했다. 먼지 쌓인 책장을 정리하고 읽고 싶은 도서를 찾아 목록을 작성하고 책 읽을 시간을 내기 위해 생활 전반을 되돌아보는 누군가의 모습을 말이다. 그래서 글을 쓰는 내내 진심으로 행복했다. 지난 20년의 독서인생을 되돌아볼 수 있었던 건 덤으로 주어진 행복이다.

지금부터 이 책에서 들려준 독서 코칭을 믿고 따라 해보자. 그리고 매일 15분의 책읽기가 인생을 어떻게 변화시키는지를 그저 놀라운 눈으로 지켜보면 된다.

딱 1년만 꾸준히 책을 읽으면
인생이 어떻게 바뀔까?

서른이 넘어 발견한 놀라운 사실 중 하나는 나이를 먹었다고 전부 성숙해지는 건 아니라는 것이다. 스무 살 때는 30대를 바라보며 '저 나이가 되면 삶이 얼마나 안정되고 평화로울까?' 생각했었다. 30대는 전부 지혜롭고 현명한 결정만 내릴 줄 알았다. 서른 후반이 된 지금은 육십, 칠십이 넘어도 미성숙한 어른이 많다는 사실을 당연하게 받아들인다. 인격과 인성이 다듬어지는 것은 숫자에 비례하지 않았다. 그래서 나는 나이를 먹을수록 더 열심히 책을 읽을 것 같다. 나이에 걸맞게 늙고 싶어서다. 나이가 들수록 품위와 인격과 지혜를 탑재하고 싶다.

내가 아는 현명한 어른들은 모두 책을 가까이하는 분들이다. 그 냥 읽는 것이 아니라 누구보다 열심히, 꾸준히 읽는다. 그래서 그 들은 나이가 들었지만 젊고 누구보다 젊지만 성숙하다. 그들은 어 린아이처럼 호기심 가득한 눈으로 세상을 알아간다.

'세상을 알아간다'.

다섯 살 아이에게나 어울릴법한 문장이지만 내가 인생 멘토로 삼고 있는 어른들의 경우는 이 표현이 딱 맞다. 새로운 장소, 새로 운 사람들과의 만남, 새로운 공부와 책을 두 팔 벌려 환영하는 삶. 죽기 직전까지 결코 다 알 수 없는 무궁무진한 세상을 놀이터처럼 즐기며 배우는 삶.

한 가지 더 놀라운 사실은 그들의 눈이 즐거움을 가득 담은 어린 아이의 것이라면 그들의 귀는 소란함 속에서도 상대의 목소리에 귀 기울일줄 아는 성숙한 어른의 것이라는 점이다. 새롭게 보고 겸 손히 듣는 것. 내 주변에 독서를 통해 내면과 외면을 부단히 갈고 닦는 이들은 그랬다. 나는 그들을 보며 내가 나아가야 할 방향, 노 년의 모습, 새로운 기회와 행복을 그릴 수 있었다.

새해를 맞이하며 먼지 쌓인 책을 정리하고 새로 나온 책을 몇 권 주문했다. 새로운 날들을 위한 나만의 경건한 의식이다. 구정이 되기 전에 올해는 어떤 주제의 책들로 1년을 꾸려갈지 야심 찬 계획도 세워야 한다. 선물을 받았거나 충동 구매를 했지만 나와 맞지 않은 책들은 과감히 처분하거나 필요한 누군가에게 보내는 일도 해야 한다. 마음이 분주하고 한껏 들뜬다.

한 해 가장 중요한 일 가운데 하나가 '독서계획을 세우는 것'이라고 하면 팔자 좋은 소리라고 치부할지도 모르겠다. 먹고 살기도 바빠서 집에 굴러다니는 책도 못 읽는 판에 독서를 위한 계획을 세울 시간과 에너지가 어디서 나오겠냐고 생각할 수도 있다. 하지만 내게 독서계획이 '먹고 사는 일'만큼이나 중요한 이유는 그것이 내 삶, 생명 에너지와 연결되어 있기 때문이다. 나는 좋은 책을 읽지 못하거나 나다운 글을 쓰지 못하면 금세 마르고 시들해진다. 마치 수분이 부족한 식물 같다. 나는 책을 열심히 잘 읽어야 먹고 살 궁리도 더 잘하고 몸도 마음도 가볍고 건강해지며 인간관계와 나 자신과의 관계도 정돈이 되는 사람이다. 그러니 독서계획은 내게 정부의 한 해 예산 수립이나 가정의 한 해 대소사 계획을 짜는 것과 맞먹을 만큼 중요하다.

고미숙 선생님은 이렇게 말씀하셨다.

"그냥 살면 보이지 않는다. 책을 읽으면서 다른 사람이 어떻게 생각하는지 살피고 자기 삶에 응용을 해야 한다."

맞는 말이다. 자주 길을 잃고 비틀대고 아무리 좋은 글을 읽어도 자주 까먹는 나 같은 사람에게는 매일의 독서가 필수 영양제나 다름없다. 매일 아침 양치를 하고 외출 전 휴대전화를 챙기듯이 꼭 해야만 하는 삶의 루틴 그 자체다. 내가 존경하는 현자는 어떤 마음가짐으로 살았는지 들여다보며 하루를 시작하는 것, 내가 닮고 싶은 대단한 기업가는 어떤 습관으로 잠자리에 들었는지 벤치마킹하는 것, 책을 읽으며 다른 사람의 지혜를 기웃거리고 좀 더 현명한 선택을 하기 위해 노력한다.

언젠가 지인이 이런 말을 했다.

"딱 1년만 꾸준히 책을 읽으면 인생이 어떻게 바뀔까 궁금해서 한번 해보려고요."

당시에는 이 이야기를 들으며 싱겁게 웃었는데 이 글을 마무리하는 내내 그 말이 떠올랐다. 딱 1년만 꾸준히 책을 읽는 일에 관하여. 만약 살면서 한 번도 시도해본 적 없던 일을 올해, 아니 지금 이 순간부터 딱 1년간 해보면 어떨까? 그 일을 해도 1년 후는 찾아오고 안 해도 찾아오겠지만 삶에 새로운 패턴을 집어넣으면 분명히 변화가 생긴다. 더군다나 '새로운 패턴'이 독서라면? 상상조차 할 수 없을 만큼 인생이 바뀔 수도 있다. 누군가는 한 번도 관심 없던 미술사에 푹 빠질 수도 있고, 누군가는 블로그에 올리는 에세이로 책 출간을 제안받을지도 모른다. 누군가는 자기 자신을 브랜딩하겠다는 새로운 꿈을, 또 누군가는 도시 양봉업자나 과학칼럼니스트로서의 두 번째 삶을 열겠다는 포부를 다질지도 모르겠다.

책은 미지의 영역이다. 다만 확실한 것은 우리의 가능성의 폭을 가장 크게 넓혀주는 고마운 존재라는 사실이다. 이제 서른이라고? 인생의 모든 게 결정나버린 듯한 마흔이라 우울하다고? 우리는 직업이나 출신학교, 나이와 연봉으로 세상에 평가받을지 모르지만 오랜 시간 책을 읽다보면 이런 생각이 든다.

'내가 왜 안 돼? 나라고 뭐가 안 돼? 나 같은 사람이 안 되면 대체 되는 사람은 누구야? 그들은 뭐가, 어떻게 다른 건데?'

인생이 펼쳐놓은 수천 가지의 가능성을 보지 못하고 좁은 시야로 바로 코앞만 바라보고 살다가 비로소 눈이 밝아지는 기분이 든다. 책의 탑을 쌓아가는 일은 한계의 벽을 부수는 일과 같다. 나를 가로막고 있던 것들을 깨고 부수어야 그 자리에 다시 뭔가를 세울 수 있으니까. 그러니 딱 1년만 책을 읽어보면 어떨까? 귀하고 아름다운 내 인생이 어떻게 달라질지 궁금하지 않은가? 어떤 가능성을 가졌고 어떤 새로운 경험을 하고 호기심으로 내면이 술렁일지 확인해보고 싶지 않은가?

다시, 책이다. 결국, 책이다.

부록

독서대학의 커리큘럼

독서대학의 주제는 무엇이든 가능하다. 재테크나 마케팅 공부도 좋지만 '진짜 행복을 찾는 법', '질투와 열등감 없애기'처럼 추상적인 목표도 좋다. 나의 독서대학도 처음에는 외적 목표를 위해 운영했지만 언제부턴가 내적 만족과 영적 공부를 위한 커리큘럼이 주를 이룬다. 살면서 한 번도 '행복해지는 법'이라는 강좌를 들은 적이 없을 것이다. 누구에게도 털어놓을 수 없는 심리적 문제를 위해 3개월 이상 책을 읽고 글을 쓴 적도 아마 없을 것이다. 독서대학은 그래서 우리 삶을 송두리째 바꾼다. 내가 원하는 목표, 성공, 행복으로 가는 길을 알려줄 어쩌면 유일한 스승이자 학교다.

1) 3개월 독서대학: 재테크 편

과목명	처음 배우는 월급쟁이 재테크
수업 기간	2020년 5월 ~ 2020년 7월(총 3개월)
수업시간	(주중) 월, 화, 목, 금 1교시 05:00~06:00 2교시 21:00~21:30
수업 목표	1. 한정된 수입을 어떻게 운용할 것인가? 2. '똑똑한 한 채'를 위한 내 집 마련 전략 세우기

수업 교재

1. 주교재(리뷰 작성)
* 실천 사례가 다수 수록되어 직접적인 도움이 되는 책들

저자	교재명	출판사
우용표	월급쟁이 재테크 상식사전	길벗
김진원	부동산과 맞벌이하는 월급쟁이 부자들	천그루숲
김학렬	대한민국 부동산 사용설명서	에프엔미디어
이현정	나는 돈이 없어도 경매를 한다	길벗
김성일	마법의 돈 굴리기	에이지21

2. 부교재(참고자료)
* 부에 대한 고정관념을 바꿔주는 책들

저자	교재명	출판사
로버트 기요사키	부자아빠 가난한 아빠	민음인

알렉스 베커	가장 빨리 부자가 되는 법	유노북스
엠제이 드마코	부의 추월차선	토트출판사
허영만	부자사전 1, 2	위즈덤하우스
하노 벡	부자들의 생각법	갤리온

상세 커리큘럼(예시)

기간	교재명	수업내용	과제 및 활동
2월 1주차	(주교재) 월급쟁이 재테크 상식사전 (부교재) 부자아빠 가난한 아빠	CHAPTER1 나에게 가장 적합한 재테크 방법은 무엇일까? CHAPTER1, CHAPTER2 부자들은 무엇을 위해 일하는가?	• ETF로 자산 배분하는 방법 정리해보기 • 내 삶에 금융 지식이 꼭 필요한 이유를 상세히 적어보고, 현재 재정상태 분석해보기
2월 2주차	(주교재) 월급쟁이 재테크 상식사전 (부교재) 가장 빨리 부자가 되는 법	CHAPTER2 재테크의 첫걸음, 종잣돈 만들기 CHAPTER1, CHAPTER2 부자는 돈과 시간을 분리한다	• 3년 뒤 종잣돈 5천만 원 모으기를 위한 계획 세우기 • 나만의 '컴포트존'은 무엇인가? 부자가 되는데 나를 가로막는 장애물은 무엇인가? 글로 정리해보기
2월 3주차	(주교재) 월급쟁이 재테크 상식사전 (부교재) 부자들의 생각법	CHAPTER3 은행을 제대로 활용하는 방법 CHAPTER1 상식을 파괴하는 부자들만의 생각법을 배우다	• 절세하는 5가지 금융상품 정리하기 • 나와 이 책에 나오는 '그들'의 차이점을 3개만 생각해보기

2) 1년 독서대학: 마음공부 편

과목명   마음을 이해하고 어떤 상황에도 흔들림 없는 평온함 얻기

수업 기간   2021년 3월 ~ 2022년 3월(총 12개월)

수업 시간   (주중) 월, 수, 금
               1교시 05:00~06:00
               2교시 21:00~21:30

수업 목표   1. 내 감정과 나 자신에게 더욱 집중하는 삶을 살아가기
               2. 삶의 만족과 행복도를 끌어올리기

수업 교재

– 교재(한 달에 한 권 목표)
* 매일 읽으며 필사하고 묵상한다.
* 한 권을 다 읽으면 삶에 적용할 구절을 최소 10개 이상 정리하고 잘 보이는 곳에 붙인다(2학점 취득).
* 한 권을 읽을 때마다 블로그에 서평을 작성한다(2학점 취득).

읽을 순서	저자	교재명	출판사
1	바이런 케이티	네 가지 질문	침묵의향기
2	정혜신	당신이 옳다	해냄
3	닐 도날드 월시	신과 나눈 이야기1	아름드리미디어
4	데이비드 호킨스	의식혁명	판미동
5	법륜	법륜 스님의 행복	나무의마음
6	오스 기니스	소명	IVP
7	루이스 L.헤이	치유	나들목

8	류시화	좋은지 나쁜지 누가 아는가	더숲
9	존 카밧진	마음챙김 명상과 자기치유	학지사
10	레스터 레븐슨	세도나 마음혁명	쌤앤파커스
11	변지영	내 마음을 읽는 시간	더퀘스트
12	조셉 머피	잠재의식의 힘	미래지식

상세 커리큘럼(예시)

기간	교재명	수업내용	과제 및 활동
3월	네 가지 질문	삶을 바꾸는 4가지 질문을 삶에 적용하기	• 나만의 내적 고통에 대해 솔직하게 적어보기 • 용서하지 못하는 사람을 '4가지 질문법' 활용하여 작업하기
4월	당신이 옳다	나 자신과 타인을 진정으로 공감하기 위해 가장 필요한 것은 무엇인가?	• 공감하는 말 습관 정리하기 • 주변 지인들의 '마음 건강'에 관심을 가지고 관찰하기
5월	신과 나눈 이야기1	신과 존재의 본질에 대해 품어왔던 묵은 고민들에 대한 해답을 찾는다.	• 가슴 속 오랜 의문들 리스트 작성하기 • 스스로 찾아낸 해답을 정리하고 책에 나온 부분도 따로 적어보기

상황별 독서처방전

우울할 때 손을 잡아주는 책
누구나 무너지는 순간이 있다

타라 브랙, 《자기 돌봄》, 생각정원(2018)

"나의 눈물을 멈출 수 있는 것은 오직 나뿐이다."

미국의 임상 심리학자이자 불교명상가인 타라 브랙은 고통받는 사람들에게 네 단계의 '자기 돌봄 프로그램'을 제안하는데 그 과정은 다음과 같다.

첫 번째는 '지금 나에게 무슨 일이 일어나고 있는지'를 알아차리고 멈추는 단계다. 다음은 '나는 무엇 때문에 고통받고 불행한가?'를 세심히 살피고 관찰하는 단계다. 세 번째는 진정한 나는 고통에 흔들리지 않음을 인식하는 단계다. 마지막 네 번째는 '그랬었구나' 하며 일어난 일을 있는 그대로 허용하고 용서와 사랑의 관점에서 끌어안는 단계다.

저자는 이 모든 단계를 '자기 자신과 우정을 맺는 것'이라고 표현한다. 한평생 타인과의 관계에 치중하고 그들을 위해 기꺼이 귀한 시간을 내주지만 정작 나 자신은 제대로 돌보지 않는 사람들이 많다. 하루 단 10분이라도 내면의 나와 대화하고 주의를 기울여야 한다. 자신을 사랑하고 돌보는 일은 타인과 세상을 위한 에너지를 낼 수 있는 가장 중요한 방법이기 때문이다.

줄리아 카메론, 《아티스트 웨이》, 경당(2012)

이 책의 부제는 '나를 위한 12주간의 창조성 워크숍'이다. 저자는 소설가이자 시나리오 작가, TV프로듀서, 작곡가 등 다방면에서 예술적 재능을 뽐내던 사람이었다. 그러나 이혼 후 극심한 우울증과 알코올 중독에 빠져 인생의 위기를 경험한다. 그녀는 이를 극복하는 과정에서 인간에게 가장 중요한 정체성은 바로 '아티스트'라는 사실을 깨닫고 자신처럼 상처받고 우울한 사람들을 위한 창조성 워크숍을 개최한다. 그 결과 수많은 사람들이 상처와 두려움을 떨쳐내고 다시 삶을 시작할 수 있었으며 자신만의 예술적 꿈을 펼치는 계기가 되기도 했다.

이 책을 읽고 난 뒤 나 역시 매일 아침 바쁜 시간을 쪼개 내 안의
또 다른 아티스트를 만나는 '모닝페이지 쓰기'를 진행했다. 두서없
이 감정을 기록하며 나의 무의식과 만나는 자체가 큰 수확이었다.

숀다 라임스, 《1년만 나를 사랑하기로 결심했다》, 부키(2018)

숀다 라임스는 유명한 미드 〈그레이 아나토미〉와 〈스캔들〉의 작
가 겸 제작자다. 〈타임〉의 가장 영향력 있는 인물 100인에 두 차례
나 선정될 정도로 대단하고 완벽한 삶을 살고 있지만 실상은 전혀
그렇지 않았다. 보이지 않는 곳에서 그녀는 늘 불안하여 어딘가로
도망치고 싶어 하는 다섯 살 아이 같았다. 그녀는 가족과 회사 동
료들에게 언제나 'NO'를 외치며 숨어버리는 겁쟁이였다고 스스로
를 표현한다.

이 책은 '왜 꿈꾸던 모든 것을 가졌는데도 행복하지 않을까?'를
고민하며 삶을 송두리째 바꾸기로 결심한 그녀의 진짜 숨겨진 이
야기가 담겨 있다. 1년간 무조건 자신을 사랑하고 'Yes'를 외치기
로 결심한 뒤 이뤄낸 작은 기적들을 기록했는데, 프로젝트를 진행
하며 그녀는 몸무게를 크게 감량하고 인생을 좀먹는 인간관계들을
정리했다. 쓸데없는 겸손을 벗고 자뻑의 갑옷을 입고 학부모 총회
에 나가 마음에 들지 않는 주장에 반박하기도 했다. 이전의 그녀였
다면 상상도 할 수 없는 일들이다.

드라마 작가답게 통통 튀는 문체와 매력적인 스토리 전개가 인상적인 책이다. 한순간도 지루함 없이 읽어가다 결국 '맞아, 나를 사랑하는 게 곧 기적의 시작이야' 하고 속삭이게 될 것이다.

앨릭스 코브, 《우울할 땐 뇌과학》, 심심(2018)

우울함에 대해 좀 더 논리적이고 과학적인 해결 방법이 필요하다면 이 책을 읽어야 한다. 이 책은 15년간 뇌과학을 도구 삼아 오직 우울증만을 연구해온 '일명 우울증 덕후'의 연구 성과를 정리한 책이다. 우울증은 어떻게 시작되는지, 비슷한 사건을 겪고 어떤 사람은 멀쩡하고 어떤 사람은 평생의 트라우마가 되는 이유는 무엇인지, 그래서 나의 우울증을 어떻게 하란 말인지 과학자답지 않게 꽤 친절하고 직접적이며 유용한 해결책을 일러준다.

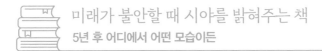

미래가 불안할 때 시야를 밝혀주는 책
5년 후 어디에서 어떤 모습이든

댄 자드라, 《파이브》, 앵글북스(2015)

향후 5년간의 비전과 목표 노트를 가지고 있는가? 5년 후 내 모습을 계획하기 위해 필요한 것은 다름 아닌 나에 대한 이해와 분석이다. 무엇에 열정을 느끼는지, 누구와 주로 시간을 보내는지, 가장 행복했던 시절, 가장 우울했던 시절을 떠올려보고 다양한 '나'를 기록해야 한다. '나'에 대한 과거 데이터를 바탕으로 '그래서 결국 어떤 삶을 원하는지' 그려가야 한다. 그런 의미에서 이 책은 단순히 목표를 세우도록 도와주는 책이 아니다. 진정한 자기 자신을 찾게 해주는 워크북이다.

구본형, 《익숙한 것과의 결별》, 을유문화사(2007)

1인 기업이라는 용어조차 생소하던 2000년, 구본형 작가는 이미 1인콘텐츠연구소인 '구본형변화경영연구소'를 설립해 퍼스널 브랜딩과 변화경영에 대처하는 개인과 조직의 새로운 가치에 대해 이야기해왔다.

작가는 매일 두 시간은 오직 자신만을 위해, 자기 자신이 되기 위해 사용하라고 말한다. 불안을 떨쳐내고 스스로 기회를 움켜쥐는 사람들의 비밀이 여기에 있다. 따라서 무슨 일이 있어도 그 시간은 양보해선 안 된다고도 덧붙인다. 왜냐하면 '하루 두 시간'을 잃어버리는 순간, 우리는 노예로 전락하기 때문이다. 시간과 돈과 타인이 던져주는 일거리의 노예가 되는 것이다.

샬롯 리드, 《우주는 네가 시작하기만 기다리고 있어》, 샨티(2015)

제목만으로도 힘을 주는 책이다. 우울하고 불안한 어떤 날, 세상이 한통속이 되어 나를 기만하고 무시한다는 생각이 드는 날은 조용히 이 책을 손에 들자. 어떤 페이지를 넘겨도 달콤한 솜사탕을 입에 문 듯한 기분에 젖게 하는 저자의 긍정 메시지에 몸과 마음을 맡겨보자.

우주는 내가 시작하기만을 기다리고 있다는 사실, 나는 오직 내 삶의 방식에만 따르면 된다는 사실, 무엇보다도 실수는 우리의 가장 멋진 모습이 될 수도 있다는 사실을 따뜻한 문장과 함께 전달해준다. 책을 덮으면 불안하고 막막한 미래가 조금은 흐려지고 삶은 그 자체로 살아볼 만한 것 같다는 잔잔한 위로를 전해준다.

마리사 피어, 《나는 오늘도 나를 응원한다》, 비즈니스북스(2011)

자신감도 훈련을 통해 향상될 수 있을까? 오랜 세월 수많은 사람들을 상담해온 심리치료사 마리사 피어는 이 책을 통해 크게 "YES!"라고 외친다. 이 책은 상처 입은 자존감을 회복하고 다시 세상에 우뚝 서기 위한 자신감을 북돋아주는 데 도움을 준다. 특히 다양한 치유 사례와 실험 과정을 근거로 '당신도 할 수 있다'는 메시지에 힘을 실어 넣는다.

책 중간중간에 독자가 직접 자기 자신에게 실험해볼 수 있는 구체적 훈련 과정이 실려 있어 더욱 유용하다. 열등감, 자신감 부족, 불안감, 우울함 등 심리적 문제의 뿌리를 뽑고 싶은 사람이라면 이 책을 한 번 읽어보시라.

인간관계가 힘들고 답답할 때 읽는 책
관계에도 연습이 필요하다

문요한, 《관계를 읽는 시간》, 더퀘스트(2018)

세상의 모든 문제는 단 두 가지 뿌리에서 나온다는 말이 있다. 바로 '돈'과 '인간관계'다. 매우 수긍이 가는 이야기다. 살면 살수록 더욱 그렇다. 관계란 예민한 사춘기 시절에만 겪는 고민이라고 여겼지만 어른이 되어도 관계 때문에 상처받는 사람이 정말 많다.

이 책의 저자이자 정신과 의사인 문요한은 '상대와 거리가 가까워지면 전혀 의도하지 않았어도 상처를 주고받을 수 있는 것이 인간관계의 본질'임을 직시하라고 권한다. 그리고 상대와의 필연적인 차이를 있는 그대로 받아들이고 관계마다 '건강한 거리'를 되찾아 나답게 살아가는 변화의 심리학을 설명한다. 특히 변화의 출발점으로 관계의 틀을 말하는데, 그의 주장에 따르면 우리는 대부분의 관계를 무의식적으로 되풀이하는 것에 불과하기에, 이를 이해하고 틀을 바꾸지 않는 이상 괴로움은 사라지지 않는다. 각기 다른 시기에 사람을 만나도 하나의 관계 방식을 반복할 뿐이다. 건강한 관계와 자아의 균형감, 반드시 함께 가야만 하는 이 두 가지를 이 책을 통해 제대로 배워보기를 바란다.

캐린 홀, 《민감한 사람을 위한 감정 수업》, 빌리버튼(2020)

나는 한때 '나는 왜 이렇게 예민할까? 불필요한 감정을 내려놓고 싶다'는 생각을 자주 했다. 우리 사회는 민감성을 관계와 일을 방해하는 훼방꾼으로만 취급한다. 30년 경력의 임상심리사인 캐린 홀의 생각은 다르다. 그녀는 감정에 압도당하지만 않는다면 민감성을 삶의 선물로 받아들여도 좋다고 말한다. 다만 이것을 예술가처럼 잘 활용하려면 연습과 노력이 필요하다.

평소 남다른 예민함으로 하루에도 몇 번씩 감정의 롤러코스터를 타는 사람이나 타인의 사소한 말과 행동에 쉽게 상처받았다면 그녀의 '감정 수업'이 도움이 될 것이다. 감정을 다스릴 수 있어야 비로소 내 삶의 주인으로 살 수 있기 때문이다.

톤 텔레헨, 《고슴도치의 소원》, arte(2017)

네덜란드의 국민작가 톤 텔레헨의 어른을 위한 동화다. '관계'에 관한 철학적 이야기를 귀여운 주인공 고슴도치를 통해 유머러스하고 따뜻하게 풀어낸 작품이다. 우리 모두는 마치 고슴도치처럼 '떨어질 때의 추위와 가까이 가면 가시에 찔리는 아픔 사이를 반복하다가 결국 적당한 거리를 유지하는 방법'을 배운다. 외롭지만 혼자이고 싶고 혼자이고 싶지만 외로운 고슴도치의 모습에서 상처를 주고받으며 근원적 고독을 안고 살아가는 우리들의 모습을 엿볼 수 있다.

새로운 시작을 앞두고 동기부여가 되는 책
생각 밖으로 나와 진짜 발걸음을 떼야만 해

개리 비숍, 《시작의 기술》, 웅진지식하우스(2019)

초반부터 그야말로 '뼈 때린다'. 조언과 충고하는 수준을 넘어 '아님 그 모양 그 꼴로 평생 살던가' 하며 조롱하고 저주한다. '남다른' 자기계발 작가 개리 비숍의 글이 그렇다. 다행히 나는 직설적이고 험악한 지적을 달갑게 여기는 스타일이다. 듣기 좋은 말로 인기를 얻기 위해 쓰는 책보다 훨씬 더 오래, 강하게 남기 때문이다.

이 책을 읽어야 하는 독자는 크게 세 부류다. 계획을 세우지만 정작 실천을 못 하는 사람, 실천하지 못한 일에 핑계만 대는 사람, 겨우 시작은 했지만 제대로 끝을 맺어본 적이 없는 사람. 그리고 어쩌면 이 중 몇 가지를 계속 반복하며 생을 허비하는 사람.

토드 홉킨스, 레이 힐버트, 《청소부 밥》, 위즈덤하우스(2006)

진정한 성공과 행복은 무엇일까? 아니, 내 삶에 최적화된 나다운 성공의 정의는 무엇일까? 많은 책에서 이야기한다. 이 질문에 대한 답이 충분하지 않다면 시작을 유보해도 좋다고. 빠르게 달리다 넘어지는 이유는 바로 '이게 진짜 내가 원하는 그것이었나?'라는 돌부리 때문이다.

이 책의 주인공 밥 티드웰은 퇴직한 기업인 출신으로 현재는 청소부로 일하고 있다. 그런 그의 앞에 오로지 성공을 향해 질주하던 젊은 CEO 로저가 나타난다. 밥은 지친 로저에게 인생의 여섯 가지 지침(지쳤을 때는 재충전하라/가족은 짐이 아니라 축복이다/투덜대지 말고 기도하라/배운 것을 전달하라/소비하지 말고 투자하라/삶의 지혜를 후대에 물려주라)을 들려주며 그의 삶을 진정한 변화로 이끈다.

웨인 다이어, 《인생의 태도》, 더퀘스트(2020)

《행복한 이기주의자》로 세계에서 가장 많이 읽힌 베스트셀러 작가가 된 웨인 다이어는 말한다. 뭔가 달라지고 싶은데 계속 달라지지 않아 고민이라면 삶에 대한 태도를 바꿔야만 한다고. 우리가 매일 하는 선택이 결국 태도가 된다. 어떤 사람을 만날 것인가, 어떤 장소에 갈 것인가, 누군가에게 'YES'를 말할 것인가, 아니면 'NO' 를 말할 것인가 등 무수한 결정의 순간에 내린 선택이 결국 그 사람의 길을 결정한다.

그렇다면 어떤 태도로 살 것인가? 어떻게 나 자신을 대하고 사람들을 대할까? 어떻게 일을 대하고 꿈과 목표를 설정할까? 웨인 다이어는 이 질문에 '결국 진짜 답은 내 안에 있다'고 말한다. 뻔한 조언이 아니라 따뜻하고 진심 어린 응원의 메시지를 이 책 전반을 통해 전한다.

알프레드 아들러, 《인생에 지지 않을 용기》, 와이즈베리(2014)

아들러가 말하는 용기는 타인의 평가에 신경 쓰지 않고 '있는 그대로도 괜찮다'고 깨닫는 상태를 말한다. 두려움을 느끼지 않는 감정이 아니라 두렵고 불안해도 괜찮다고, 당신의 선택은 옳고 존중받기 충분함을 이해하는 것이다. 그는 심지어 '심리학의 가장 중요한 목적은 개인의 용기를 증진시키는 것'이라고 말한다.

책에는 인간이라면 누구나 느끼는 열등감과 인정욕구, 스스로 용기를 발견하는 방법과 긍정성을 유지하는 힘에 대해 알려준다. 딱딱하고 이론적인 심리학 서적이 아니라 일상에서 요긴하게 쓰이는 진짜 마음설명서이기에 추천한다.

기적의 '네 줄 독서노트' 작성법

온라인독서모임을 기획하며 가장 고민한 부분은 이것이다.

'어떻게 해야 한 권을 읽어도 제대로 남기고 최대한 많이 뽑아먹을 수 있게 만들까?'

사람들에게 지금까지 읽어온 방법 말고 색다른 읽기를 통해 새로운 세계를 경험하게 해주고 싶었다. 각자의 일과 일상에 바쁜 사람들에게 책을 읽는 시간만큼은 자기 자신으로 숨 쉬며 다른 꿈을 꿔도 괜찮다는 것을 알려주고 싶었다. 한마디로 한 권의 책으로 얻을 수 있는 모든 것을 전부 다 얻어내고 싶었다. 그래서 비장의 카드를 꺼냈다. 바로 10년 넘게 내가 작성하고 효과를 본 '네 줄 독서노트' 작성법을 소개하고 함께 실행하는 것이다.

먼저 5주간 하루도 빠짐없이 독서노트를 작성해본 독서모임의 참석자들로부터 받은 평가는 다음과 같다.

"이전까지 했던 독서는 '진짜' 독서가 아니었다는 생각이 든다."

"책의 메시지가 더 오래 기억에 남고 더 깊이 책을 이해할 수 있었다."

"5주가 아니라 5개월을 하면 내 삶이 얼마나 달라질지 벌써 기대가 된다."

"읽기 자체보다 이 과정이 나를 더 크게 변화시켰다."

"내 삶과 나 자신을 이해하는 데 큰 도움이 되었다."

나는 독서노트에 다음 4가지 항목을 적는다.

① 오늘 읽은 부분 중 중요한 문장 / 기억하고 싶은 문장
② 책을 읽고 떠오른 생각 / 아이디어 / 질문(문제 제기)
③ 책에서 배운 것들
④ 내 삶과 연결할 수 있는 부분 / 내 삶에 적용 가능한 부분

예를 들면 다음과 같다.

● 네 줄 독서노트(예시)

도서명	그릿	출판사	비즈니스북스
저자명	앤절라 더크워스	출간 연도	2019년
읽은 부분	p.62~114		

＊ 오늘 읽은 부분 중 중요한 문장 / 기억하고 싶은 문장

① 인간의 업적은 실은 평범해 보이는 무수한 개별 요소의 합이라는 것이다.
② 거듭해서 하다보면 타고난 재능이 없는 일도 제2의 천성처럼 된다는 것을 깨달았죠.
③ 열정은 우선순위를 확실하게 만든다.

＊ 책을 읽고 떠오른 생각 / 아이디어 / 질문(문제 제기)

① 나의 하위 목표와 중간 목표들은 최상위 목표를 제대로 지지하고 있는가?
② 내 삶에서 가장 중요한 상위 5개 항목은 무엇인가?
③ 제2의 천성으로 만들고 싶은 것들을 전부 적어보자.

＊ 책에서 배운 것들

① 열정이란 단순히 그 일을 하고 싶다는 의미가 아니다. 최소 수년간 변함없이 성실하게
  그 일을 실행한다는 의미다.
② 직업이나 다른 영역에서 '긍정적 환상'만을 바라보고 낙관적 미래만 떠올리는 것은 장
  기적으로 손해다.
③ 삶은 더하기가 아니라 빼기의 기술이다.

＊ 내 삶과 연결할 수 있는 부분 / 내 삶에 적용 가능한 부분

① 시간과 에너지를 빼앗는 일을 모두 적어보고 하나씩 지워나가자.
② '우선순위' 점수 매기는 방법, 각각의 목표에 흥미도와 중요도가 낮은 순에서 높은 순으
  로 1~10까지 점수를 매기고 항목별로 두 점수를 곱한다.
③ 상위 목표는 펜으로, 하위 목표는 연필로 쓰고 때에 따라 수정하거나 새로운 것을 추가
  한다.

독서노트를 써보면 안다. 효과가 너무나 탁월해 쓰지 않고는 못 배긴다. 무엇이든 제대로 효과를 본 습관은 누가 시키지 않아도 지속하게 된다. 나의 독서인생 역시 기록을 남기기 전과 후로 확실히 나뉜다. 눈으로만 하는 독서는 '아 너무 좋은 말이네. 나도 이번엔 진짜 바뀔 거야' 다짐하고 책을 덮자마자 흐릿해지지만 손과 함께하는 독서는 명확한 증거가 남아 두고두고 결심과 마주하게 만든다. 그렇게 모이고 쌓인 기록들은 때론 용기가 되고 때론 희망이 되기도 한다.

서툴고 거친 글도 모두 내 자아의 한 조각들이기에 소중하다. 독서노트의 4개 항목에는 모두 '나'가 들어있다. 인상 깊은 구절을 필사하는 부분도 마찬가지다. 하필 그 문장에 꽂혔다는 것은 그 문장이 나의 어떤 부분을 건드렸다는 뜻이다. 부끄러운 나, 죄책감을 느끼는 나, 성장하고 싶지만 매번 좌절하는 나. 독서노트의 처음부터 끝까지 모든 페이지는 그 퍼즐 조각을 맞춰가는 놀라운 변화의 과정이라고 할 수 있다.

물론 독서노트를 쓰며 책을 읽으면 속도가 느리다. 가끔은 '너무 비효율적인가?' 의심이 들지도 모르겠다. 하지만 과연 빠른 것이 효율적인 걸까? 느리지만 올바르게 확실히 걷는 게 훨씬 중요하다. 그게 바로 삶을 바꾸는 길이다. 그래야 삶이 바뀐다.